예수님, 내 마음을 아세요?

추천사

하나님의 자녀된 크리스천 청소년들은 바른 인격으로 성장하고 이 사회의 모범된 일꾼이 되어야 합니다.

본 시리즈는 십대들의 고민과 생활 이야기를 통해서 십대 스스로 자신의 문제를 발견하고 학교와 교회의 선생님들과 부모님들도 자녀의 고민이 무엇인지를 알고 올바른 신앙교육을 하는 데 도움이 되도록 만들어졌습니다. 모쪼록 본 시리즈가 한국 교회와 사회의 청소년 문제 해결의 길잡이가 되기를 소망합니다.

김준곤 목사(한국대학생선교회 총재)

십대의 꿈이 우리의 미래입니다. 이 책은 십대에게 주 안에서 인생의 큰 그림을 그려보는 기회를 줄 것입니다.

박성민 목사(한국대학생선교회 대표)

여러 가지 혼란을 겪는 청소년들에게는 당혹스런 여러 문제들에 대한 해답이 필요합니다. 청소년 사역을 하던 동안에 이 점이 많이 아쉬웠는데 이번에 좋은 책이 출간되어 기쁘게 생각합니다.

이찬수 목사(분당우리교회 담임)

강제가 아닌 절제로 자신을 다듬어가며, 방종이 아닌 순종으로 오히려 더 큰 자유를 누리며, 비행(非行)의 위기를 비상(飛上)의 기회로 삼기 원하는 하나님의 자녀들에게 꼭 필요한 치유와 영적성장의 발판이 될 것입니다.

오정현 목사(사랑의교회 담임)

머리말

두려움을 극복하는 법

"이젠 정말 마음을 결정해야 돼!"라고 스스로 다짐해 본 일이 있습니까? 어떤 문제를 해결해야 되거나 결정을 내려야 하는 상황에 처해 본 사람이라면 한두 번쯤 이런 다짐을 해 본 경험이 있을 것입니다. 그럴 때 여러분은 누군가에게 조언을 구하게 됩니다. 여러분은 어디서 그런 조언을 구합니까? 아마 부모님이나 가까운 친구들을 찾아가겠지요? 어쨌든 여러분은 도움을 구할 만한 사람과 이야기하고 싶어할 것입니다.

이 책 속의 이야기는 여러분 또래의 청소년들이 생활 속에서 만난 어려움들을 진지하게 헤쳐나가는 모습을 담은 이야기들입니다. 이 이야기 속의 주인공들은 여러분의 같은 반 급우

일 수도 있고, 같은 모임에 있는 친구일 수도 있으며, 늘 경쟁의식을 느끼게 하는 라이벌일 수도 있습니다. 그러한 친근감을 가지고 읽어 주시기 바랍니다.

이 책의 주인공들은 밝은 웃음을 짓는가 하면 눈물을 흘리며 울기도 합니다. 또한 몹시 화를 내기도 하고 또 영웅처럼 의젓하게 행동하기도 합니다. 그 밖에 이 책 속에서 여러분이 발견할 수 있는 중요한 사실은 바로 그들을 세심하게 돌보고 계시는 하나님의 사랑입니다.

하나님은 정말 좋으신 분

하나님은 이 책에 나오는 소년들과 함께하시면서 그들의 마음속에 바른 대답을 얻게 하시고, 또한 다른 주위 사람들을 통해 그들을 도와주십니다.

언제나 하나님은 여러분을 돕고 싶어하십니다. 그분은 여러분의 영혼과 마음속으로 들어오실 수 있습니다. 여러분은 단지 두려워하지 말고 오직 주님께 구하고 또한 그분이 최선의 길을 열어 주시리라는 것을 믿기만 하면 됩니다. 그러나 두려움을 떨쳐 버리고 하나님이 항상 여러분의 기도를 들어주시고 응답해 주신다는 것을 온전히 믿기란 쉬운 일이 아닐 것입니다.

그러면 어떻게 해야 주님 안에서 두려움을 극복하고, 여러분의 믿음을 강하게 할 수 있을까요? 그것은 바로 '하나님은 정말 좋으신 분'임을 믿는 일입니다. 어떻게 그 사실을 믿을 수 있느냐구요? 바로 예수님은 하나님의 사랑을 우리에게 보여 주셨습니다.

자신이 해야 할 일을 결정해야 하는 사람은 바로 여러분 자신입니다. 어려운 일이 여러분 앞에 닥쳤을 때 하나님께 도움을 구하며 해결해 나가는 일, 그것은 바로 여러분의 성장 과정에 있어서 정말 중요한 일입니다. 그때 여러분은 예수님이 지혜와 키가 자라가며 하나님과 사람에게 더 사랑스러워가신 것과 마찬가지로 그렇게 몸과 마음이 성장해 나가게 될 것입니다.

로버트 켈리

*본문에 사용한 「표준새번역」의 저작권은 대한성서공회의 소유로 대한성서공회와 한국대학생선교회 간 약정에 의해 허락을 받고 사용하였음.

차 례

추천사	3
머리말	5
진정한 보람	13
늘 함께하시는 하나님	23
용기를 가지고 담대하라	33
새로운 문의 발견	45
최선의 것으로 응답해 주시는 주님	55
일흔 번씩 일곱 번이라도	65
자전거를 타며 싹튼 우정	75

약속을 지키고 받은 선물	87
사랑으로 행하라	99
케빈이 지킨 아버지의 유언	111
믿음의 기초가 되는 것	121
유혹을 이기는 힘이 되시사!	131
모두가 귀한 피조물	143
오리들을 위한 모금 운동	155
위대하다는 것의 참 모습	167

틴에이저 카운슬링(2)

예수님, 내 마음을 아세요?

로버트 켈리

순출판사
C.C.C./한국대학생선교회

진정한 보람

"자전거는 저 단풍나무 아래 있는 자전거 주차대에 세워 두면 되니?"

양로원 진입로를 돌아가며 뒤를 따라오고 있는 카알을 향해 헨리가 소리쳤다.

"할아버지 할머니들만 사시는 곳에 자전거 주차대가 왜 필요하지?" 주차대 쇠기둥에 자전거를 잡아매며 카알이 물었다.

"물론 여기에 계시는 노인들을 위해서 만든 거야. 그분들은 이곳 정원은 물론이고 저 너머까지 자전거를 타고 다니신다구. 그런 노인들을 여러 번 봤어. 정말 혈기가 왕성하신 분들이야."

"에이, 설마!"

"어, 정말이야! 우리 할머니를 한번 만나 보면 내 말이 거짓말이 아니라는 것을 알게 될 거야. 우리 할머니는 말을 길들이신 적도 있어!"

헨리와 카알은 현관으로 뛰어 들어가 아파트문이 줄지어 있는 복도를 따라 걸어갔다. 몇몇 아파트는 문이 열려 있었고 그곳에 살고 있는 노인들이 카알과 헨리가 지나가는 것을 보고는 손을 흔들어 주었다.

노란색 문 앞에 이르자 헨리는 조심스레 문을 두드렸다. "할머니! 저예요, 헨리라구요!"

문이 열리자 할머니 한 분이 나타나셨는데, 반짝이는 갈색 눈에 키가 자그마한 분이 헨리와 상당히 닮아 보였다.

"어이구, 이게 누구냐? 어서 들어오너라, 헨리. 친구도 함께 왔구나!" 헨리를 꼭 껴안으시며 할머니가 말씀하셨다.

헨리가 카알을 할머니께 인사시키자마자, 카알은 기다렸다는 듯이 할머니께 이렇게 물었다. "말을 조련시키신 적이 있었다는 것이 사실이예요, 할머니?"

"조련이라기 보다는 그냥 길들인 거지. 지금보다 좀더 젊었을 때 야생말에 안장을 얹게 만든 일이 몇 번 있었단다. 말은 아주 사랑스러운 동물이지! 자, 옛날 이야기는 그만두고, 지금 공작실에 내려가는 길인데 함께 가 보자꾸나. 그곳에서 내가 무엇을 하고 있는지 보여 주마."

그들이 들어선 방은 아주 넓은 크기에 햇살이 밝게 들어오는 환한 방이었는데 모두들 활기차게 이야기를 나누며 자신들의 일에 열중하고 있었다. 한쪽 모퉁이에는 할아버지 두 분이 작은 탁자에 광택을 입히고 있었으며, 그 옆에 앉은 할아버지는 새집을 만들고 있었다. 이젤을 펼쳐 놓고 그림을 그리고 있는 할머니 할아버지들도 있었다.

헨리의 할머니는 사랑스러운 이 꼬마 방문객들을 할머니 몇 분이 모여 털실로 뭔가를 짜고 있는 곳으로 안내했다. 니트나 스웨터를 만드시는 분도 있었고 방석을 짜고 있는 분도 있었다.

"이것이 할머니가 하고 계시는 일이예요?" 헨리가 물었다.

"아니, 난 실로 뭘 뜨는 일엔 아주 깜깜이란다. 내 친구들에게 너희들을 소개시켜 주고 싶어서 여기로 데리고 온 거야. 그리고 나서 내 취미가 무엇인지 보여 주마."

할머니들과 잠시 이야기를 나눈 다음 헨리와 카알은 창문 아래 긴 의자에서 할아버지 한 분이 외로이 뭔가를 만들고 있는 곳으로 다가갔다.

"안녕하세요? 월터 씨! 제 손자 헨리하고 친구 카알입니다. 요즈음 제가 월터 씨에게 무얼 배우고 있는지 보여 주고 싶어서 데려왔지요."

"반갑구나, 얘들아. 이렇게 찾아와 줘서 고맙다." 천 조각에 손을 닦으며 월터 할아버지가 반갑게 맞아 주셨다. "너의 할머니는 아주 대단한 학생이시지. 할머니 작품이 때론 내 작품보다 훨씬 나을 때도 있거든."

"비행기로군요!" 두 소년이 동시에 외쳤다. "모형비행기를 만들고 계시는 거죠?"

"오냐, 왜 못할 것 같으냐?" 할머니가 대답했다. "조금 더 연습해서 모형 비행기 경연대회에도 나가 볼 생각인데!"

헨리는 우주왕복선 엔터프라이즈 호를 만지작거려 보았다.

"모형 비행기를 만들어 보는 것이 소원이었어요."

월터 할아버지가 부드럽게 웃었다. "언제든지 오려무나. 학생이 한 명 늘어나는 일은 즐거운 일이지."

헨리는 주위를 둘러보았다. "완성된 작품들은 어떻게 하나요?" "사실 그게 좀 문제야." 할머니께서 고개를 저으시며 대답했다.

"우린 아주 많이 만들고 있지. 사실 이것들을 어디엔가 팔거나 기증할 배출구가 필요해. 아마 좋은 생각이 떠오르겠지. 당분간 저기 저 창고에 쌓아 두고 있단다. 벌써 꽉 차기 시작했다구."

할머니 댁에서 점심 식사를 한 후 헨리와 카알은 마을로 돌아왔다. "월터 할아버지께 부탁하면 모형 비행기 조립하는 요령을 배울 수 있을 것 같아." 헨리가 말했다.

"그러면 작품들을 다음 달에 있는 여름 수양회에 가져갈 수 있겠지. 거기에 가서 우리 함께 비행시켜 보자구."

카알은 헛기침을 하며 땅바닥을 내려다 보았다. "너한테 어떻게 이야기할지 걱정스러웠는데, 난 사실 이번 여름 수양회에 가지 못하게 됐어."

친구의 대답을 듣고 난 헨리는 말문이 막히고 말았다. "수양회에 못 간다구? 항상 함께 갔었잖아! 이제 수양회가 시시해졌다는 거야? 왜 못 가겠다는 거냐구?"

"아버지가 그러시는데 당분간 생활에 여유가 없을 거래."
이 말을 하는 카알의 목소리가 약간 떨리고 있었다.

"원 세상에!"

카알과 헤어진 헨리는 자전거를 끌고 집을 향해 터벅터벅 걸어갔다. 뭔가에 한 대 얻어맞은 기분이었다. 카알과 함께 가지 않는 수양회란 생각할 수도 없었다. 여러 가지 생각들이 헨리의 머리 속을 스치고 지나갔다.

저금해 둔 돈을 모두 찾고, 아버지한테 보태달라고 하면? 한숨이 절로 나왔다. 카알이 그런 도움을 받아들일 리가 만무하다는 것을 헨리는 너무도 잘 알고 있었기 때문이다. 그렇다면 어떻게 한다? 차고에 자전거를 밀어 넣고 자기 방으로 올라가며 헨리는 모형 비행기 조립하기 같은 즐거운 생각을 하면서 우울한 마음을 달랬다.

화요일이 되자 헨리는 다시 양로원을 찾아갔다. 그의 한쪽 팔에는 T33 제트전폭기라는 이름이 붙여진 모형비행기 상자가 들려져 있었다. 월터 할아버지와 할머니는 이미 작업에 열중하고 있었다.

작업실에 뛰어든 헨리는 상자를 열어 보았다. 부속품들이 잔뜩 들어 있었다. 하지만 월터 할아버지의 작업 지시에 따르며 부속품들을 이어나가자 점점 모양새가 갖춰지기 시작했다.

아교로 접착한 부분을 말리는 동안, 헨리는 카알 문제에 대해 생각하기 시작했다. 카알도 모형 비행기 만드는 일을 좋아할 것이 틀림없었다. 다음 주에는 꼭 데리고 와야겠다고 마음먹었다. 그러면 수양회에 못가는 일쯤은 잊어버리게 할 수 있을 것 같았다.

수양회! 안타까운 마음이 헨리에게 일기 시작했다. 방안을 둘러보던 헨리의 눈이 작품들을 쌓아둔 장식장에 멈추었다. 뭔가 번쩍이는 아이디어가 그의 뇌리를 스쳤다.

"할머니, 완성된 작품들을 어떻게 해야 할지 모르겠다고 하셨었죠?" 깊은 숨을 들이쉬며 헨리가 말했다.

"바자회를 열어 판매하면 어떨까요? 소년 소녀들을 수양회에 보내기 위한 특별 바자회 말이예요." 그리고는 카알의 형편을 할머니께 말씀드렸다. "아마 집안 형편 때문에 수양회를 포기해야 하는 아이들이 몇 명 더 있을 거예요. 작품을 팔아서 생긴 이익금으로 그들을 도울 수 있지 않을까요? 어때요, 할머니?"

할머니의 두 눈이 반짝거렸다. "아주 좋은 생각이구나!"

"나도 그런 것 같소이다." 월터 할아버지가 덧붙였다.

"여기 있는 다른 사람들과도 이야기를 해 봐야겠지만, 분명히 모두들 좋아할 거야."

들고 있던 모형 비행기의 날개를 맞추시며 할머니가 말씀하셨다. "그런데 네 생각에 사람들이 우리 작품을 사러 여기까지 올 것 같니?"

잠시 침묵이 흘렀다. "에아데스 목사님께 말씀드려 보겠어요." 헨리가 말했다. "교회에서도 바자회를 열 수 있을 거예요. 장소로도 아주 좋을 뿐 아니라 홍보도 할 수 있거든요."

헨리는 구체적으로 계획을 세워 나갔다. "어머니들이 작품 옮기는 일을 기꺼이 도와주실 거고, 우리도 역시 거들겠어요. 거기다가 우리들이 갖고 있는 인형도 함께 판매하는 거예요."

"다 좋은데, 한 가지가 걱정이구나." 할머니께서 말씀하셨다. "카알이 자존심 상해 하지는 않을까?"

"카알 모르게 할 거예요. 할머니." 아주 비밀스럽게 헨리가 말했다.

"교회 바자회라고 그 이익금의 사용 목적을 수양회 장학금이라고 해서 목사님이 전달하시도록 하면 어떨까요? 원래 교회에선 여러 방법으로 돈을 모아 사람들을 돕잖아요? 카알과 몇몇 아이들을 돕는 건 우리 네 사람만 알고 있기로 하구요. 이런 비밀 계획, 어떠세요?"

할머니와 월터 할아버지는 헨리의 의견에 빙그레 웃으며 고개를 끄덕이셨다.

헨리의 이 비밀스런 계획이 드디어 실현된 것은 며칠이 지난 어느 화창한 토요일이었다. 헨리는 긴 탁자를 교회 주차장에 설치해 두었다. 아주 행복한 기분으로 그는 시작을 알리는 호루라기를 불었다. 정말 이번 바자회는 대성황을 이루었다. 바자회가 시작되기 30분 전부터 사람들이 몰려들었던 것이다. 사람들 사이로 카알이 바자회에 팔 물건을 정리하고 있는 모습이 보였다.

"카알은 지금 자기 자신을 돕고 있다는 사실을 전혀 모르고 있을 거야." 헨리가 미소를 지으며 혼잣말로 중얼거렸다.

"아무에게도 말하지 말아야지. 하나님과 나, 그리고 할머니, 월터 할아버지, 목사님, 이렇게 다섯만 알고 있는 비밀로 남겨두는 거야!"

"주님만 의지하고 선을 행하여라. 이 땅에서 사는 동안 성실히 살아라."

시편 37편 3절

사랑하는 주님!
아무도 모르게 선을 행하는 것이
이렇게도 마음이 평온하고 즐거운 것인지를
이제야 깨닫습니다.
사람들에게 칭찬 듣는 것만이 반드시
보람된 것이 아님을 깨닫게 하옵소서.
주님이 저와 함께 행하시고
늘 제 곁에 계심이
진정한 보람인 것을 믿습니다.

늘 함께하시는 하나님

케빈은 휠체어에 앉아 기다리고 있는 바니를 향해 층계를 달려 내려갔다.

"잘 됐니?" 바니가 물었다.

"응, 아주 잘 됐어. 무척 좋은 생각이라고 하던데?" 케빈이 유쾌하게 웃으며 바니의 휠체어를 빙글빙글 돌렸다.

"이제 세부적인 일만 남았다구." 케빈이 바니를 집으로 데리고 들어가며 말했다.

"숙제하고 저녁 먹고 나서 너희 집으로 갈게."

숙제를 다 끝내고 저녁을 먹은 뒤 케빈은 마당을 가로질러 바니의 집으로 달려갔다. 두 소년은 어릴 적부터 친하게 지내

온 친구 사이였다. 바니가 교통사고로 불구가 되기 전까지만 해도 두 사람은 늘 함께 붙어서 공부도 하고 운동도 하러 다녔다. 그러나 바니가 휠체어에 의지해야만 하게 된 때부터 바니의 태도가 변하기 시작했다.

바니는 학교에도 혼자 다니고, 케빈을 포함해서 어느 누구와도 만나지 않으려 했으며, 심지어 이야기하는 것조차 꺼려했다. 그런 그의 태도가 변하기 시작한 것은 두 달 전, 케빈이 그에게 어느 신문에서 오려낸 사진을 보여 준 다음부터였다. 케빈은 그날 저녁을 영원히 잊을 수 없으리라.

계속 그를 만나지 않으려는 바니를 생각하며 마음 아파하면서 케빈은 날마다 바니를 위해 간절한 마음으로 주님께 기도해 오고 있었다. 바니에게 길을 열어 주시기를 위해서. 그러던 차에 신문에서 아주 좋은 기사를 발견하게 되었다. 그는 이것이 바로 하나님의 응답이라는 생각이 들었다. 그래서 바로 그날 밤, 당장 바니의 저항을 물리치고 그의 방으로 쳐들어갔다.

"이것 좀 봐라, 바니! 휠체어 운동 선수들이야!"
"무슨 소리야? 휠체어 운동 선수들이라니?"

"봐, 보라구. 달리기도 하고, 원반 던지기도 하고 있잖아."

케빈의 말을 듣자 바니는 신문 기사를 훑어보았다. "너도 기억하지? 고등학교에 들어가면 릴레이 경주에 꼭 나가려고 우리가 얼마나 연습을 했었는지. 네가 이 경기에 참가하려면 열다섯 살이 되어야 하니까 앞으로 3년 정도 연습할 시간이 있어."

"네 말은 내가 이 경기에 참가해야 한다는 거냐?"

"그럼, 못할 게 뭐야?" 케빈이 대답했다. "그리고 당연히 난 너의 매니저가 되는 거지." 이 말이 끝나자 두 소년은 서로를 쳐다보며 웃음을 터뜨렸다.

바니가 웃음을 보인 것은 몇 달 만에 처음 있는 일이었다. 몇 주가 지난 지금 그들은 새로운 계획을 세우고 있었다.

"교장 선생님 허락을 어떻게 얻어냈지?" 바니가 물었다.

"육상 코치 한 분을 알고 있는데, 그분이 교장 선생님을 설득해 주셨어. 아침마다 우리가 연습하는 모습을 그 선생님이 보셨나 봐. 어느 날 아침 일찍 학교에 나오셨는데 네가 미친 듯이 테니스장을 달리고 있는 모습을 보셨대. 내가 옆에서 지도하며 소리치는 것을 듣지 않았다면 네가 좀 이상해져 가고 있다는 생각을 하셨을 거라는 거야. 그러는 우리 모습을 몇 번 지켜보시고는 이번에 우리 계획을 적극 지원해 주시기로 하신 것 같아. 오늘 저녁에 우리가 할 일은 초대장을 쓰는 거야. 속달로 부쳐서 아이들에게 알려야 한다구."

계획의 실행에 착수한 두 사람은 몇 번인가 편지지를 찢어버리고 다시 고치고 한 끝에 마침내 만족할 만한 글을 얻어냈다. 바니가 그것을 큰 소리로 읽었다.

> 만약 당신이 불구의 몸이거나, 휠체어에 의지하고 있다면 매년 열리는 정규 대회에 앞서 열리는 이 작은 경기에 당신을 초청합니다.
> 휠체어 경주는 테니스장에서 열리며 그 옆에서 원반 던지기를 하게 됩니다. 처음으로 개최되는 이번 경기는 앞으로 매년 열릴 것입니다. 동봉한 신청서를 작성하여 보내 주시면 감사하겠습니다.

"두 사람이 한 조가 되어 할 수 있는 경기가 없을까? 내가 두 경기에 참여하는 동안 넌 지켜보고 있어야 하잖아?"

두 소년은 함께 할 수 있는 경기가 무엇이 있을까 잠시 생각해 보았다.

"음…. 이런 건 어떨까?" 케빈이 말했다.

"그게 뭔데?"

"너 말발굽 던지기라고 아니?" 케빈이 물었다.

"말발굽? 어떻게 그런 생각을 하게 되었지?"

"할아버지가 계시는 농장에 갈 때면 언제나 그 놀이를 했었어."

"어떻게 하는 건데?"

"어느 정도 간격을 두고 두 개의 말뚝을 박아 두는 거야. 그리고는 이쪽 말뚝에 서서 저쪽 말뚝을 향해 말발굽을 던져 걸게 되면 점수를 얻는 거야. 한 조에 두 명씩, 즉 휠체어 선수 한 명, 그리고 그의 보호자 한 명이 한 조가 되어 말뚝을 기준으로 두 조가 서로 마주보고 서서 상대방이 이쪽으로 던진 말발굽을 다시 저쪽으로 던지면서 놀이가 자연스럽게 계속되는 거야, 어때?"

"그런데 말뚝과 말발굽을 어디서 구하지?" 바니가 물었다.

"할아버지께 부탁을 하면 분명히 가져다 주실 거야."

"기막힌 생각이다. 초청장에 추신으로 덧붙여 두자구!"

*추신 : 휠체어 선수와 보호자가 한 조가 되어 참가하는 말발굽 던지기 게임도 있습니다. 한 번도 해 본 적이 없거나 어떻게 하는지 몰라도 괜찮습니다. 기막히게 재미있는 게임입니다.

다음 날 아침. 케빈과 바니는 그들이 쓴 초청장을 들고 교장 선생님을 찾아갔다. 교장실은 매우 분주했으나 교장 선생님은 두 소년을 자기 방으로 불러들였다.
"자, 어디 보자, 어떻게 써 왔는지." 두 소년을 만나자마자 교장 선생님은 이렇게 말씀하셨다. "좋아, 아주 좋아. 정말 좋은 계획이구나. 누구의 아이디어지?"
"케빈이 구상했어요." 바니가 대답했다.
"함께 생각한 거예요." 바니의 말을 듣고는 케빈이 덧붙였다.
"좋아, 그런 건 문제가 아니다. 이번 경기가 잘 치루어지길 기도해 주마."
교장실을 나온 바니와 케빈은 즉시 대회를 치를 준비에 착수했다. 그러는 동안에도 바니는 열심히 기록을 단축해 나갔고, 그의 원반 던지기도 나날이 실력이 향상되어 갔다. 할아버지는 케빈의 소식을 듣자 직접 말뚝과 말발굽을 가지고 오셔서 이 게임의 주심을 맡으시겠다고까지 하셨다.

모든 준비는 예정대로 잘 되어 갔지만, 그러나 참가를 신청해 오는 사람이 아무도 없어 케빈과 바니의 마음을 어둡게 했다.

"너무 걱정하지 말거라." 코치 선생님이 위로해 주셨다.

"이런 대회는 무척 생소한 것 아니겠어? 초청장을 받은 사람들도 생각할 시간이 있어야지. 얼마 뒤에 육상 코치 정기모임이 있으니 그곳에 가서 내가 다시 한번 대회 소식을 알리도록 하마."

2주 만에 드디어 첫 신청서가 날아왔다.

바로 다음날 또 세 통…. 신청 마감일까지 도착한 신청서는 모두 휠체어 경주에 열 명, 원반 던지기에 일곱 명, 말발굽 던지기에 여덟 팀이었다.

이 대회의 개최 소식에 학교 전체가 떠들썩하였다. 여학생들이 치어리더 응원조를 결성하여 연습에 들어갔으며, 음악부도 이날을 위해 열심히 준비했다.

드디어 대회가 열리는 날, 학부모들과 학생들이 구름처럼 몰려들어 휠체어 경주와 원반 던지기, 그리고 말발굽 던지기를 구경하며 즐거워했다.

바니는 친구들의 열띤 응원에 보답이라도 하듯 휠체어 경주에서 당당히 일등을 했고, 곧이어 열린 원반 던지기에서는 3위를 차지했다. 하지만 말발굽 던지기는 경기 자체가 너무도 재미있어 누가 몇 등을 하는지에 관심을 갖는 사람이 아무도 없었다. 할아버지는 참가팀 전원 우승을 선언하고 말발굽 뱃지를 하나씩 선사하셨다.

대회가 끝나고 난 날 저녁. 바니와 케빈 둘만이 남게 되자 바니가 먼저 입을 열었다.

"정말 뜻깊은 하루였어. 너에게 뭐라고 감사해야 할지…. 케빈, 네가 아니었다면 난 아직도 휠체어에 앉아 우울하고 외로운 나날을 보내고 있었을 거야."

"나에게 감사하지 말고 하나님께 감사드려, 바니. 우린 함께했잖아? 내가 너에게 신문 기사를 보여 주었던 그날 밤처럼 네 곁에는 항상 하나님이 함께 계신다는 걸 잊지 마."

"네 갈 길을 주님께 맡기고 주님만 의지하여라. 주님께서 이루어 주실 것이다."

시편 37편 5절

하나님이 언제나 저와 함께 하심을 믿게 하시고, 주님의 도움을 구하게 해 주세요. 주님을 의지하고 주님이 이끄시는 대로 따라갈 수 있게 해 주세요.

용기를 가지고 담대하라

🌱 호숫가를 꺾어 돌자 회색 말에 올라탄 스코트는 들판에 설치된 담장 사이의 큼직한 입구로 들어섰다. 그는 이른 아침에 말을 타고 호숫가를 산책하는 것이 더없이 즐거웠다.

특히 얕은 물을 건널 때 들리는 말발굽의 첨벙대는 소리가 귓전을 때릴 때면 아침의 맑은 공기가 정말 상쾌하게 느껴져 왔다. 미스티 역시 이른 아침의 산책이 즐거운 듯 머리를 쳐들고 코를 킁킁거리며 연신 귀를 쫑긋거리고 있었다.

이제부터 정말 힘든 연습이 기다리고 있다. 담장 입구를 들어서자 스코트는 두 다리를 단단히 죄었다. 미스티도 그가 긴

장하고 있음을 알아차렸는지 예민한 반응을 보이며 멈칫거렸다. "자, 자. 미스티." 목을 토닥거리며 그가 말했다.

"제발 이번에는 꼭 넘자구!" 큼직한 원을 그리며 천천히 돌던 스코트는 중앙에 설치된 가로 막대를 향해 힘차게 말을 몰며 달려가기 시작했다.

가로놓인 장대가 가까워지자 점점 스코트의 눈에는 그 높이가 위협적으로 느껴졌다. 고삐를 쥔 그의 손이 떨리기 시작했다. 순간 그는 눈을 감아 버리고 말았다. 미스티도 그가 두려움에 빠져 있음을 알아차렸는지, 장대 앞에 이르자 뛰어넘는 것을 포기한 채 갑자기 멈춰버렸다.

이런 사태를 미처 예상치 못하고 있던 스코트는 미스티의 목 위로 넘어가 가로 막대 저편 풀밭 위로 나동그라지고 말았다. 먼지를 털어내는 그의 입에서 한숨이 새어 나왔다. 오늘도 실패하고 만 것이었다.

이번 달에 시작된 여름성경학교 캠프의 하루하루가 스코트에게 크리스마스 기분을 느끼게 해 주었다. 왜냐 하면 참가한 모든 소년들에게 스스로 보살피고 훈련시키도록 말 한 마리씩 배정되었기 때문이었다.

미스티와 스코트는 금방 친해졌다. 미스티는 스코트의 명령을 금방 알아듣고는 기꺼이 따라했고, 스코트는 미스티의 그런 모습이 더없이 사랑스러웠다. 승마 조련사인 짐이 스코트에게 아라비아 종이라고 귀띔까지 해 주었던 것이다. 얼룩덜룩한 회색 깃털과 높이 꼬리를 쳐드는 모습, 그리고 사람들을 대할 때의 온순함이 그것을 증명하고 있었다.

스코트와 미스티는 숲을 탐색하거나 호숫가를 산책하며 많은 시간을 함께 보냈다. 미스티와 스코트가 수영을 할 때면 스코트는 미스티의 갈기를 움켜쥐고 겨드랑이를 쿡쿡 눌러서 방향을 제시하곤 했다.

즐거운 나날을 보내긴 했으나, 딱 한 가지 문제가 옥에 티처럼 스코트를 괴롭혔다. 가로 막대가 놓은 장애물을 아직 미스티가 뛰어넘으려 하지 않는다는 것이다. 그 장애물을 미스티가 뛰어넘어 주어야만 다가오는 주말에 있을 체육대회에 참가할 수가 있다.

체육대회는 여름성경학교 최대의 행사였다. 모든 소년들이 말을 타고 참가하게 되는데, 장애물 경기와 함께 도약 경기도 종목에 들어 있었다. 어찌해야 좋을지 스코트의 마음은 초조

하기 짝이 없었다.

땅바닥에서 일어난 그는 미스티의 고삐를 손에 쥐고 마구간으로 데리고 갔다.

"밥 먹고 나서 다시 해 보자, 미스티." 안장과 재갈을 풀어 주며 스코트가 속삭였다. 스코트는 미스티의 안장이 덮혀 있던 등 부분을 쓰다듬어 주고는 제자리에 다시 매어 두었다. 물과 건초가 충분히 있는가 살펴보고는 스코트도 아침 식사를 하기 위해 캠프로 달려갔다.

식당으로 사용하고 있는 천막 속은 벌써 아이들의 떠드는 소리와 식기 소리로 시끌벅적했다. 그릇에 음식을 가득 채운 스코트가 뒤쪽을 향하여 걸어가자 같은 교회를 다니는 하위 녀석이 장난기 어린 웃음을 지으며 스코트를 불렀다. "어이, 스코트!" 그의 목소리는 모든 아이들이 다 들을 수 있을 정도로 우렁찼다. "아직도 못 뛰어넘었다며? 그러다 시간 다 가버리겠다!"

순간 스코트의 얼굴이 부끄러움으로 홍당무가 되었다.

"걱정하지 마! 기필코 넘을테니까." 일부러 보란 듯이 발을 쾅쾅 구르며 뒤쪽으로 걸어간 스코트는 미리 마음먹은 대로 짐의 곁에 앉았다. 다른 아이들에게 자신이 당황하지 않았음을 보여 주고 싶었던 것이다.

"저…, 짐!"

스코트가 나지막한 목소리로 짐을 불렀다.

"네가 미스티를 탔을 때는 아무 문제없이 장대를 뛰어넘었잖아? 그런데 왜 내가 타면 넘으려 하지 않을까? 다른 것은 나 시키는 대로 잘 하는데 말이야. 뭐가 문제일까?"

짐이 포크를 집어 들다 말고 다시 내려놓으며 스코트를 바라보았다. "미스티는 아직 널 완전히 신뢰하지 못하고 있어. 내가 몇 번 지켜보았는데, 가로 막대에 가까워지면 너 스스로도 자신감을 갖지 못하는 것 같았어. 너의 그런 불안감이 미스티에게도 전달되는 거야. 너의 마음이 불안하면 미스티도 자신이 없어지는 거라구. 그렇게 되면 옆으로 비껴 가버리거나 멈춰 서버리게 되지. 너 자신이 먼저 자신감을 가져야만 미스티도 안정을 되찾아 장대를 뛰어넘게 돼. 계속 노력해 봐. 내가 보기에 넌 선천적으로 훌륭한 기수의 자질을 타고 났다구."

스코트의 어깨를 힘껏 쥐어주고는 짐은 의자에서 일어났다. 접시에 담긴 스프를 저으며 스코트는 생각에 잠겼다. '결국 내가 겁쟁이라는 이야기군. 그래 사실이지 뭐!' 코끝이 시큰거리며 눈물이 나올 것 같아 스코트는 눈을 껌벅거리며 겨우 참았다. 식사를 마친 스코트는 어깨를 축 늘어뜨린 채 마구간으로 걸어갔다.

스코트의 발자국 소리가 들리자 미스티가 두 눈을 껌벅거렸다. '편안한 마음으로 연습해 보자.' 안장을 얹고 밖으로 미스티를 끌고 나오면서 스코트는 굳게 마음먹었다, 체육대회를 대비해서 승마 경주 코스를 미리 설치해 두었기 때문에 연습은 언제든지 할 수 있었다.

장애물 코스에서의 미스티는 정말 빠르고 날렵했다. 드디어 문제의 장애물 차례였다. 마음을 가다듬고 나서 스코트는 장대에서 멀리 떨어져 큰 원을 그리면서 목표물을 미스티에게 보여 주었다.

"자, 착하지! 이번엔 넘어보자구." 스코트는 중얼거리며 장대를 향해 힘차게 달려갔다. 그러나 막상 장대 가까이에 이르자 미스티는 이번에도 역시 옆으로 비껴 나고 말았다.

날카로운 웃음소리가 허공을 가르며 들려왔다. 돌아다보니 하위가 보트를 타고 호수 위에서 이쪽을 바라보고 있었다. 공작반에 속해 있는 하위와 그 친구들이 만든 보트였다.

"바보, 멍청이!" 하위가 소리쳤다.

"상관하지 마!" 끓어오르는 분을 억누르며 스코트가 대꾸했다. "호수 위에서 뭘 하고 있지? 규칙 위반 아니야?"

"걱정하지 마. 내 일은 내가 다 알아서 할테니까. 하하하." 그의 불쾌한 웃음소리가 다시 들려왔다.

더 이상 상대해 봐야 아무 득이 없다는 것을 깨달은 스코트는 다시 처음부터 장애물 코스를 연습하기 시작했다. 조금 전처럼 미스티는 부드럽게 장애물들을 헤쳐 나갔다. 문제의 마지막 장애물을 남겨놓았을 때 도움을 청하는 날카로운 비명소리가 들려왔다. 미스티를 멈추고 스코트는 주위를 둘러보았다.

무시무시한 소용돌이를 본 순간, 스코트는 몸이 얼어붙는 것 같았다. 하위가 타고 있던 보트의 한쪽 끝이 하늘로 향한 채 물 속으로 빨려 들어가고 있었던 것이다. 하위가 급류에 빨려 들어가고 있는 보트에서 빠져 나오려고 안간힘을 쓰고 있었다.

"도와줘! 도와줘, 스코트!" 도움을 청하는 목소리는 공포에 질려 있었다.

"보트 이음새가 벌어지고 있어. 가라앉고 말 거야. 어떻게 좀 해 봐, 스코트!" 그는 두 팔로 물장구를 치며 어떻게든 배가 가라앉지 않게 하려고 갖은 애를 다 쓰고 있었다.

스코트는 얼어붙은 것처럼 꼼짝도 못한 채 그대로 서 있었다. 하위가 마침내 물 속으로 빨려 들어갈 지경에 이르렀다. 어떻게 해야 하나? 경기장을 둘러친 긴 담장을 돌아가면 너무 늦을 것이다. 이때, 스코트의 머리 속에 자리잡은 딱 한 가지 방법, 과연 해낼 수 있을까?

식은 땀이 흐르는 손으로 고삐를 움켜 잡은 스코트는 미스티를 경기장 중앙으로 몰고 갔다. 호수와 경기장 사이에 둘러쳐진 담장을 미스티에게 보여 주고는 힘차게 달려가기 시작했다. 세차게 달리는 미스티의 말발굽질로 뽀얗게 피어 오른 먼지가 스코트의 입 속으로 마구 들어갔고, 그의 심장은 미스티의 다리보다 더 빠르게 뛰고 있었다.

순간 짐의 충고가 머릿속에 떠올랐다. "말의 입부분을 부드럽게 두드려 줘. 말이 스스로 알아서 보폭을 정하게 내버려 두어야 해. 특히 목표물에 접근했을 때는 절대 방해해선 안 돼. 고삐는 느슨하게 해 주고 무릎으로 안장을 꼭 조여 줘. 그리고 뒷꿈치는 바닥을 향해 내려뜨려야 해."

스코트의 마음속에 두려움이 사라지기 시작했다. 더이상 무섭지가 않았다. 담장이 눈 앞으로 가까이 다가오자, 크기가 점점 더 커지는 것 같았다. 그런 것이 스코트에게는 더 이상 문제가 되진 않았다. 하지만 미스티가 약간 떨고 있었다.

"이번에 실패하면 큰일난다. 미스티! 자, 가자!" 굳센 목소리로 소리치며 뒷꿈치로 힘차게 박차를 가했다. 스코트의 외침에 대답이라도 하듯 미스티는 담장을 훌쩍 뛰어넘었다.

지체없이 물 속으로 달려 들어간 스코트와 미스티는 헤엄을 치기 시작했다. 미스티의 등에서 미끄러져 내려온 그는 물에 빠지기 직전에 있는 하위 쪽으로 말을 몰고갔다. "잠시만 기다려, 하위! 지금 갈게!"

잠시 후, 스코트는 부서진 보트에서 하위를 구출하는 데 성공했다. "미스티의 꼬리를 붙잡고 있어." 그가 하위에게 소리쳤다. "밖으로 끌어다 줄 거야."

호숫가에 이르자 머리를 흔들어 물기를 털어내던 두 소년은 미스티도 그들을 따라 물기를 털어내는 것을 보고는 한바탕 크게 웃었다.

"고맙다. 스코트." 진지한 목소리로 하위가 말했다. "그동안 놀려대서 정말 미안하다. 미스티의 점프는 내가 지금까지 본 점프 중에 제일 멋진 점프였어. 넉자가 훨씬 넘는 담장을 문지방 넘어오듯 뛰어넘던걸. 그렇게 점프하면 이번 주말 경기에 분명히 우승할 거야."

스코트는 하위의 칭찬에 멋쩍게 웃으며 그의 옆구리를 콕 찔렀다. "나 역시 나 스스로에게 놀라고 있는 걸!" 겸손을 떨던 스코트는 또다시 젖은 몸을 털어내려고 머리를 흔드는 미스티를 바라보며 유쾌하게 웃었다.

"내가 너에게 굳세고 용감하라고 명하지 않았느냐! 너는 두려워하거나 낙담하지 말아라. 네가 어디로 가든지 너의 주 나 하나님이 함께 있겠다."

여호수아 1장 9절

사랑의 하나님!
저를 강하고 담대하게 해 주세요.
당신이 항상 제 곁에 계심을 믿게 하시고,
저를 이끄시고 가르치시며 사랑해 주세요.
저의 믿음을 성장시켜 주셔서,
하나님의 살아 계심을 잊어버릴 때
제 아주 가까운 곳에 당신이 늘 계심을
기억하고 믿을 수 있게 해 주세요.

새로운 문의 발견

 어머니가 폴의 방에 들어오셨다.

"의사 선생님이 방금 전화하셨다, 폴. 진찰 결과가 나왔구나."

"별 이상 없죠, 그렇죠? 이제 일어나도 되죠?"

"미안하지만 아직 안 돼요. 의사 선생님이 그러시는데 너에게 류마티스 열이 있다는구나."

"류마티스가 무슨 병인데요?"

"그리 대단치는 않지만 전염병의 일종이라는구나. 치료하는 방법은 그저 조용하게 푹 쉬는 거란다. 2주 정도는 꼼짝 말고 방에 누워 있어야 하고, 또 2~3주 정도 푹 쉬어야 한다는구나."

폴이 벌떡 일어나 앉았다. "한 달 동안이나 방 안에만 있어야 하다니! 야구부에서 쫓겨나고 성경 공부 캠프에도 못 갈 거예요. 그리고 학교는 어떻게 하죠?"

"학교는 회복된 뒤에 나가면 될 거야. 힘이 들겠지만 지금은 쉬는 방법밖엔 아무것도 없단다. 그렇지 않으면 심장이 충격을 받아 손상을 입는대요. 내년쯤이면 야구도 틀림없이 다시 시작할 수 있어."

"내년이요? 전 지금 하고 싶다구요!"

폴은 벽을 향해 돌아 앉아버렸다. 울진 않았지만, 결과는 폴이 생각했던 것보다 훨씬 나빴다. 정말 최악의 사태가 벌어진 것이다.

"친구들이 절 만나러 올 수는 있나요? 전염되나요?"

"아니, 전염은 안 될 거야. 하지만 당장은 안 돼. 당분간 친구도 없다고 생각하렴. 약하고 우유를 가져다 줄테니, 먹고 그저 푹 쉬렴. 알겠지?"

그날 저녁, 아버지가 폴이 누워 있는 방에 폴을 위로해 주시러 들어오셨다. "녀석, 안됐구나. 하지만 푹 쉬고 나면 회복도 되고 전처럼 튼튼해질 수 있다니 다행이구나. 우리 모두 널 위해 최선을 다하고 있다. 넌 지금 야구팀에 가입할 때와는 또 다른 시험을 치르고 있는 거야. 이제까지 한번도 겪어보지 못한 싸움을 해야 할텐데 넌 분명히 하나님의 도움으로 꼭 이겨내리라 믿는다."

아버지의 말씀이 별로 즐겁게 들리지는 않았지만 그 말이 정말 맞다는 것을 폴도 인정하지 않을 수 없었다. 어쩌면 야구팀에서 쫓겨날지도 모른다. 하지만 그런 것을 걱정한다든지, 학교 공부에 신경쓰는 따위의 어리석음을 범하지 않는 것이 스스로를 위해 좋다는 것을 받아들여야 했다. 잠시 후 그는 잠이 들었다.

점점 좋아지는 것 같았다. 일어나 앉을 수도 있었고, 침대 가장자리에 다리를 걸치고 앉아 TV를 볼 수도 있었다. 하지만 하루 종일 아무것도 하지 않고 지내는 데에는 진력이 나 버렸다.

"엄마, 뭘 좀 해야겠어요. 정말 미치겠어요. 왜 일어나면 안 돼죠?"

"지금까지 잘 참아왔잖니, 폴? 이제 와서 공든 탑을 무너뜨리고 싶지는 않겠지? 네가 자고 있는 동안 담임선생님께서 다녀가셨단다. 요즈음 공부하고 있는 역사책을 두고 가셨어. 네가 읽으면 아주 좋아할 거라고 하시더구나."

"독서는 이제 지겨워요. 뭔가 다른 일을 하고 싶다구요." 폴이 불만스러운 목소리로 투덜거렸다.

"폴, 하나님께 도와 달라고 기도해 보았니? 너에게 새로운 문을 열어 주실지도 몰라요."

"내가 말한 문이란 어떤 새로운 기회를 뜻하는 거야."

그날 밤 폴은 자신에게 새로운 문을 열어 달라고 하나님께 간절히 기도드렸다.

다음 날 그는 뭔가 새로운 일을 할 수 있는 기회가 무엇일까 하고 곰곰이 생각해 보았다. 그때 크리스마스 선물로 받은 모형 비행기 부속품이 생각났다. 야구에 정신이 팔려 그때까지 까맣게 잊고 있었던 것이다.

어머니는 기꺼이 비행기 부속품을 가져다 주셨다. 게다가 침대에서 폴이 작업을 할 수 있도록 큼직한 나무판과 아교와 연장도 준비해 주셨다.

폴은 그날 저녁을 먹을 때까지 자르고 붙이는 일을 계속했다. 다음 날에도 어머니가 낮잠을 자야 한다고 말씀해 주실 때까지 계속 작업에 열중하고 있었다. 저녁 때가 되어 아버지가 들어오시자 폴은 완성된 비행기를 보여드렸다.

"야, 녀석 대단하구나." 아버지가 말씀하셨다. "어디 얼마나 잘 나는지 보자꾸나."

아버지가 위로 던지자, 비행기는 천정을 향해 날아올라갔다. "밖에 가지고 나가서 날려볼 수 있을 때까지 꾹 참고 기다리자. 아마 멋지게 비행할 거야."

'그거야 당연히 그렇겠죠. 하지만 도대체 그 다음이란 것이 언제죠?' 폴은 생각했다.

선생님이 두고 가신 책을 - 책의 표지에는 『운송 수단의 역사』라고 적혀 있었다 - 읽어나가면서, 폴은 뭔가 새로운 문이 열리는 느낌을 받았다. 폴은 이 새롭게 열린 문을 '참신한 구상'이라고 불렀다. 그가 구상한 것을 부모님께 말씀드리자, 정말 좋은 생각이라며 찬성해 주셨다.

"좋은 생각이다." 아버지가 감탄하셨다.

"정말 새로운 문이로구나!" 어머니도 활짝 웃으시며 이렇게 말씀하셨다.

다음날 저녁, 집으로 돌아오시는 아버지의 손에 뭔지 알 수 없는 꾸러미가 몇 묶음 들려 있었다. 꾸러미를 받아 펼친 폴은 너무 흥분해서 아침까지는 도저히 기다릴 수가 없었다.

날짜는 하루하루 빠르게 지나갔다. 일에 몰두하는 폴에게 가끔 어머니께서 이렇게 말씀하시곤 했다. "쉴 시간이다, 폴! 넌 지금 회복 중에 있다는 것을 잊어선 안 돼!"

친구들도 잠깐씩 만나볼 수 있었다. 그들은 폴에게 얼마 후에 개최될 학교 과학전시회 준비 상황을 알려 주었다.

"나도 전시회에 참가하겠어." 폴이 친구들에게 말했다. 무엇을 전시할 계획인지 친구들이 집요하게 물었지만, 폴은 비밀이라고만 대답했다.

폴의 건강은 나날이 회복되어 갔다. 방 안을 걸어다닐 수 있게 되었고, 그 다음엔 아래층까지 내려올 수 있었으며, 드디어 뜰에 나가 걸어다닐 수 있게 되었다. 축하의 선물로 어머니가 초콜릿 케익을 만들어 주시기도 했다.

"전시회 준비가 다 되었어요, 아버지." 어느 날 저녁 폴이 아버지께 말씀드렸다.

"충분히 준비되었다고 생각하니?"

"그럼요, 아버지!"

"정말 장하구나, 폴. 모두에게 유익한 전시회가 될 게다."

어머니는 붉은 포스터 용지를 사 오셨고, 폴은 그 위에 큼직한 싸인을 해서 자신의 전시회를 알렸다.

폴을 진찰하고 난 다음 의사 선생님이 말씀하셨다. "좋아, 과학 전시회에 참가할 것을 허락한다. 사실 나도 그 전시회에 가 볼 참이다. 나의 특별한 꼬마 환자께서 그동안 어떻게 준비했는지 보고싶구나."

드디어 전시회가 열리는 시간이 되자, 아버지와 어머니, 그리고 폴은 여러 개의 박스를 조심스럽게 운반했다.

학교 정문 앞에서 그들은 선생님을 만났다. "폴이 참가하게 되어 정말 기쁘구나." 선생님께서 반갑게 맞아 주셨다.

"이 탁자는 특별히 너를 위해 준비해 둔 것이란다. 이 정도면 충분하겠니?" 전시회장에 들어서자 선생님께서 큼직한 탁자를 가리키며 말씀하셨다.

"감사합니다, 선생님. 학교에 다시 나오게 된 것이 얼마나 기쁜지 모르겠어요." 폴의 인사말에 학급 친구들 모두 미소를 지었다.

잠시 후, 폴은 전시 준비에 착수했다. 그는 여러 개의 박스에서 서로 다른 모양의 나무로 만든 증기 기관차를 끄집어내었다. 긴 굴뚝이 달린 기관차, 화차가 붙어 있는 것, 선로 앞 장애물 제거기가 달린 것, 자동차처럼 클랙션이 달린 것 등 다양한 모양의 기관차 모형들이었다. 객차를 끌고 가는 기관차 모형도 있었다. 납작한 화물차에는 원목이 실려 있어 산업 발전의 시대를 생각나게 하기도 했다. 모형 기관차들을 진열한 후 그는 그 위에 다음과 같이 적힌 포스터를 붙였다.

'증기 기관차의 발달사'

같은 반 친구들이 폴에게 우르르 몰려들었다.

"만나서 반갑다, 폴. 이제 완전히 학교로 돌아온 거니?" 야구팀 감독님이 폴을 보자 반가워하시면서 "내년엔 꼭 다시 들어오거라."라고 말씀하셨다.

환영사와 교가를 필두로 전시회가 개최되었다. "전시실에 들어가기 전에 우리 모두 폴의 작품에 대해 설명을 듣는 것이 좋을 듯 싶구나."

폴이 일어났다. "제가 아파서 누워 있는 동안 운송 수단의 역사에 대해 읽게 되었습니다. 그리고 저는 여러 가지 서로 다른 기관차를 만들어 보겠다고 마음먹었죠. 오늘 이 전시가 가능하도록 도와주신 아버지, 어머니께 진심으로 감사드립니다.

여러분들은 제 전시품을 통해 증기 기관을 이용했던 시대의 기관차들을 보실 수 있을 겁니다."

모두가 박수 갈채를 보냈다. 선생님이 계속해서 말씀하셨다. "폴이 자신의 작품을 전부 우리 반에 기증했습니다. 이제 다른 여러 학생들도 증기 기관차의 변모하는 모습을 볼 수 있게 되었어요. 고맙다, 폴. 너의 이 작품들은 많은 사람들에게 유익할 거야."

이번에는 더 큰 박수가 터져 나왔다. 모두에게 감사의 인사를 한 후 폴은 어머니 곁으로 다가갔다. 그리고 이렇게 속삭였다.

"하나님께서 저에게 새로운 문을 열어 주신 거죠?"

"그리고 넌 그 속으로 걸어 들어간 거지!" 어머니가 활짝 웃으시며 대답하셨다.

"그러므로 기회가 있는 동안에 모든 사람에게 선한 일을 합시다. 특히 믿음의 식구들에게는 더욱 그렇게 합시다."

갈라디아서 6장 10절

사랑의 하나님,
저로 하여금 낙담하지 않게 하시고
실패하거나 패배한 속에서도
새로운 기회를 발견하도록 도와주세요.
저의 삶 속에서 새로운 문을
발견할 수 있게 되길 기도합니다.

최선의 것으로 응답해 주시는 주님

자전거에 올라타고 교회를 빠져 나오면서 리키는 조심스러운 표정으로 하늘을 쳐다보았다. 태양은 이미 자취를 감추어 버린 후였다.

"생각했던 것보다 너무 늦었는걸." 그는 이렇게 중얼거렸다.

"엄마가 걱정하시겠다. 너무 오랫동안 모임을 갖는 게 아니었는데…" 하지만 리키와 친구들은 에드밍턴에서 있게 될 교회 수양회에 관한 이야기로 모두 들떠 있었다.

동네 어귀에 들어서자, 리키는 시간을 단축하기 위해 거의 다녀본 적이 없는 지름길로 자전거를 몰았다. 길 위에 널부러져 있는 쓰레기와 잡초들을 교묘하게 피해 달리면서도 그의 머릿속은 오직 돌아오는 화요일에 떠나게 될 수양회에 대한 생각들로 가득 차 있었다.

　버스를 타고 교회 수양회 장소인 에드밍턴 근교에 가서 그곳에 자리를 잡고 며칠 동안 숙식을 하면서 수영도 하고 자전거도 타고, 그리고 즐거운 게임도 하게 되리라. 그리고 수양회 기간 동안 하루에 몇 시간씩 도움을 필요로 하는 그곳 마을 사람들을 위해 청소나 집안 수리 등의 봉사활동도 하기로 계획되어 있다.

　리키는 이제 자신도 뭔가 어른이 된 것 같아 기분이 우쭐해졌다. 자기 또래의 친구들 중에 이런 기회를 가져 본 아이들이 얼마나 될까 하는 생각이 들었다. 크리스 형도 이런 봉사활동을 지금까지 한 번도 다녀본 적이 없던 터였다.

　다시 주 도로에 들어서기 위해 모퉁이에서 속도를 줄이는 순간 리키는 길가에 위치한 어느 집 뜰 안을 힐끗 보게 되었다.
"원 세상에!"
　다 쓰러져 가는 담장에 대문은 너덜거리고 있었으며 마당은 깡통과 지난 가을에 떨어진 낙엽으로 쓰레기통이 되어 있었다. "마치 폐허같군!"

마을 길을 달리며 집이 가까워지자 리키는 오직 빨리 가야겠다는 생각에 다른 일들과 방금 보았던 집 따위는 까맣게 잊어버리고 있었다.

집에 도착해 보니 집 앞의 불이란 불은 다 켜져 있었고 여동생 수지가 현관 앞 계단에서 훌쩍이고 있었다.

"어머, 오빠!"

모퉁이를 돌아 집으로 들어서자 수지가 소리쳤다. "큰일났어. 큰 오빠가 자전거에서 떨어져 발목이 부러졌어. 아빠, 엄마도 병원에 가셨어. 옆집 잔슨 언니가 자기 집에 와 있으라고 했는데 작은 오빠한테 전해 줄 말이 있어서 지금까지 여기서 기다리고 있었다구. 있잖아, 큰 오빠가 자기 발목이 나을 때까지 대신 신문 좀 돌려 달래."

발목이 부러졌으면 회복하는 데 몇 주일은 걸릴 것이다. 물론 기꺼이 형을 대신해서 신문 배달쯤은 해 줄 수 있다. 하지만, 리키는 심장이 바닥으로 떨어져 버리는 기분이 들었다.

"이번 주만은…"

이번 한 주는 어떻게 하지? 이번 수양회만은 놓칠 수도, 놓치고 싶지도 않았다. 그는 곧 다른 방법을 생각해 보았다. 아버지나 어머니께 부탁할 수도 없고, 또 이번 수양회에 함께 가지 않는 친구들은 모두 피서를 가고 없었다.

"알았어." 리키는 쓴웃음을 지으며 힘없이 대답했다. "집에 들어가자, 수지."

부모님과 형은 자정 가까이가 되어서야 집에 돌아왔는데, 크리스 형이 침대에 올라가느라 법석을 떠는 바람에 리키는 잠이 깼다.

"이럴 때 하나님, 전 어떻게 하지요?" 잠에서 깨어나자, 형이 부탁한 일이 다시 생각난 리키는 주님께 기도했다. "에드밍턴에 가는 일은 당신을 위한 일입니다, 주님. 전 정말 가야 해요. 이번 주만 대신 신문 배달을 해 줄 사람을 준비해 주세요."

기분이 좀 나아진 리키는 다음 날 아침이면 하나님께서 자신의 기도에 응답해 주시리라 믿으며 다시 깊은 잠에 빠져 들었다.

그러나 다음 날 아침, 해가 밝아올 무렵 리키는 집집마다 돌아다니며 신문을 돌리고 있었다. 기다리던 응답이 없었기 때문이었다. "제발, 하나님, 빨리 응답해 주세요." 리키는 애원하다시피 하고 있었다. "이젠 시간이 없어요, 주님."

리키는 입을 꼭 다물어 버렸다. '왜 하필이면 이럴 때 형이 발을 다쳤을까? 왜, 왜, 왜?'

막대기를 하나 집어들고 리키는 옆에 서 있는 담장을 내리치며 걷기 시작했다. 왜? 라는 생각을 한 번씩 할 때마다 막대기를 치는 강도가 점점 거세어졌다. 마침내 담장의 판자 몇 장이 부서져 내렸다. 생각지도 못했던 일이 일어나자 당황했다. 리키는 부서진 담장을 바라보았다. 바로 어제 저녁에 보았던 그 폐허같은 집의 담이었다. 당연히 주인을 찾아가 담장을 부수었다는 사실을 알려야만 한다. 부엌에 불이 켜져 있는 것으로 보아 집안에 누군가 있는 것이 틀림없었다.

'귀찮은 일이군. 집 주위가 하도 엉망이어서 주인도 부서진 담장 따위엔 관심조차 갖지 않을지도 몰라.' 이런 생각이 들자 그는 아무말 없이 슬그머니 도망쳐 버려야겠다고 생각했다. 그러나 마음속에서 누군가가 이렇게 꾸짖는 소리가 들려왔다.

'그렇게 하는 것이 그리스도인으로서 할 행동일까?'

리키는 천천히 뜰안을 걸어 들어가 비바람에 낡을 대로 낡아버린 현관문을 두근거리는 마음으로 똑똑 두드렸다. '가드너'라고 쓴 문패가 걸려 있었다.

삐걱거리며 문이 열리자 몸집이 작고 병약해 보이는 아주머니 한 분이 초췌한 미소를 지으며 나타났다.

"무슨 일이지?"

리키는 마른 침을 삼키고 나서 자신이 한 일을 모두 털어놓았다. 말을 다 마치고 나자 가만히 듣고 있던 아주머니가 우수에 깃든 눈빛으로 리키를 뚫어지게 쳐다보며 입을 열었다.

"참 좋은 학생이구먼. 우리집 마당에 쓰레기를 던져 넣는 사람들하고는 다르니 말이야. 난 관절염에 걸려서 제대로 청소할 수가 없거든. 아마 그래서 마을 사람들이 우리 집 마당을 쓰레기장으로 생각하는 모양이야."

"저어…, 그래서." 리키가 더듬거리며 말했다

"괜찮으시다면 제가 오후에 다시 와서 부서진 담장을 고쳐 드릴까 하는데요."

"정말 그렇게 해 주겠니?" 아주머니는 그 초췌한 미소를 지으며 반갑게 물었다.

"고맙구나."

점심식사를 마치자마자 리키는 연장을 준비해서 그 집을 다시 찾아가 담장을 고치기 시작했다.

너무 실망에 빠져 버린 나머지, 하나님께선 언제나 최선의 것으로 응답해 주시는 분이시라는 사실을 제가 잊고 있었어요. 이번 일로 저의 믿음도 더욱 굳건해질 거예요.

작업을 하면서 리키는 다시 하나님께 자신이 수양회에 꼭 참석할 수 있도록 신문 배달을 대신 해 줄 사람을 보내달라고 기도했다. 하지만 이번에는 그다지 간절한 마음이 들지 않았다. 다음날 아침이면 마지막 조까지 다 떠나버리고 말 것이고 결국 리키는 집에 남아 있어야 한다.

사실 리키가 수양회에 꼭 참석하고 싶어했던 이유가 재미있는 게임과 하이킹을 하는 것 때문은 아니었다. 그것은 늦여름에 열리는 또 다른 여름 캠프에 가서도 실컷 놀 수 있다. 다만 리키가 정말 안타깝게 생각하는 것은 자신을 진정한 크리스천 이웃으로 보여 줄 수 있는 봉사의 기회를 놓쳤다는 사실이었다.

'아마 하나님이 내 문제쯤은 대수롭지 않게 여기시나 보다. 아무것도 도와주시지 않으니 말이야.' 리키는 한숨을 지었다.

담장을 다 고치고 나자 "대문도 고쳐드리는 것이 좋겠군." 그는 중얼거렸다. 대문을 수리하고 나자 또 새로운 생각이 그의 머릿속에 떠올랐다.

그는 차고로 달려가 갈퀴와 마대 몇 자루를 가지고 나왔다. 리키는 활기차게 마당의 잡동사니와 낙엽들을 끌어 모으며 휘파람을 불기 시작했다.

쓰레기 치우는 일이 끝나자 갈퀴에 기대어 서 있던 리키는 이번에는 건물을 살펴보았다. "저 현관은 페인트를 좀 입혀야 되겠는데…. 아주머니께 언제 날을 잡아서 페인트칠을 해 드리고 싶다고 말해 봐야지. 그리고 그것을 준비하는 동안 창문도 닦아야겠어."

순간 리키의 입에서 짧은 감탄사가 터져나왔다. "이 일이야말로 에드밍턴에 간 친구들이 그곳에서 하기로 한 봉사활동과 아무 것도 다를 것이 없잖아?"

생각해 보니 놀라운 일이었다.

"좋아, 난 여기에서 나 혼자만의 봉사활동을 시작하는 거야. 좋은 이웃이 되기 위해서 꼭 그렇게 멀리 가야만 하는 건 아니잖아? 이 집 아주머니를 돕기 위해 내가 할 수 있는 일은 충분히 있어. 하나님, 에드밍턴보다 이곳에서 저를 더 필요로 한다는 것이 바로 당신의 뜻인가요?"

곰곰히 생각해 보니 정말 그런 것 같았다. "너무 실망에 빠져 버린 나머지, 하나님께선 언제나 최선의 것으로 응답해 주시는 분이시라는 사실을 제가 잊고 있었어요. 이번 일로 저의 믿음도 더욱 굳건해질 거예요."

다시 갈퀴를 휘두르는 리키의 입에서 휘파람이 기분 좋게 흘러나왔다. 그리고 그의 마음은 가드너 아주머니를 도와줄 계획으로 들뜨기 시작했다. 물론 아주머니의 허락이 있어야겠지만.

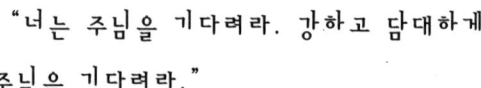

"너는 주님을 기다려라. 강하고 담대하게 주님을 기다려라."

시편 27편 14절

사랑하는 하나님!
인내함을 가르쳐 주세요.
침착한 마음으로 당신의 시간 속에
저를 바른 길로 인도해 주실 것을
제가 믿을 수 있도록 도와주세요.

일흔 번씩 일곱 번이라도

평소에 제일 좋아하는 나무 위에 올라가 앉아 있던 처크는 집에서 나오고 있는 동생 수지의 모습을 발견했다.

가만히 보니 수지는 마당 한쪽 구석에 있는 움푹 패인 그늘진 곳으로 가고 있는 것이 틀림없었다. 그런데 정작 처크를 놀라게 한 것은 수지의 손에 들려져 있는 푸른색 바탕의 흰 무늬가 새겨진 큼직한 상자였다.

"수지!" 처크는 있는 힘을 다해 소리를 질렀다.

"그 상자 다시 가져다 놓지 못하겠어? 그건 내 꺼란 말이야!" 한바탕 소리를 지른 후 처크는 재빨리 나무 위에서 내려왔다.

처크보다 세 살 아래인 수지는 처크의 물건에 손대지 말라는 경고를 여러 번 들어온 터였다.

수지가 들고 나온 그 상자는 지난 번 생일에 외삼촌으로부터 받은 선물이었다. 상자 속에는 이름과 특징을 알 수 없는 암석 표본이 들어 있었다. 장래 희망이 지질학자인 처크에게는 더없이 귀중한 것들이었다. 수지는 오빠와 함께 그 표본들을 구경하면서 오빠로부터 절대 손을 대지 말라는 당부를 받아왔다.

처크는 이 상자를 그의 책장 꼭대기에 보관해 두었으므로, 수지가 그곳에 손이 닿으려면 의자를 놓고 올라가야만 했다. 맨 아랫가지에서 뛰어내려 마당 구석으로 달려간 처크는, 울고 있는 동생을 발견했다.

"오빠!" 수지가 울먹이며 말했다. "미끄러져 넘어지는 바람에 표본을 다 쏟아 버렸어. 미안해. 일부러 그런 것은 정말 아니야." 그리고는 큰 소리로 울어 버리는 것이었다.

"도대체 네가 이 상자를 만질 일이 어디 있어?" 처크가 소리를 질렀다. "내 방에 들어오지도 말고 그 상자에 손도 대지 말라고 내가 그렇게 말했지? 이 상자는 내 것이고 넌 만질 자격이 없단 말이야!"

"그냥 돌이 너무 예뻐서 보고싶었을 뿐이야. 내가 찾아 줄게…." 수지는 처크의 팔에 매달려 더 크게 울기 시작했다.

"저리 가! 내 앞에서 사라지란 말이야!"

이 소동을 듣고 있던 어머니가 밖으로 나오셨다.

"무슨 일이지?" 어머니가 물으셨다.

"수지가 제 암석 표본을 들고 나와서는 풀밭에 다 쏟아 버렸지 뭐예요! 이제 찾지도 못할 거예요."

"미안해, 내가 잘못했어." 수지는 흐느끼며 말했다.

"일부러 엎지른 건 아니야. 같이 찾아 줄게. 나도 잘 찾을 수 있어."

"나도 함께 찾아 주마, 처크." 어머니가 말씀하셨다. "그리고 나서 수지가 그 상자에 손댄 일에 대해 이야기하자구나."

"도움 따윈 필요없어요." 처크는 이렇게 소리지르고 나서 상자가 엎질러져 있는 풀밭 쪽으로 뛰어갔다.

"그렇게 하거라, 처크. 자, 수지야, 집에 들어가자. 나중에 이야기하고."

혼자 남게 되자 처크는 풀밭에 엎드려 암석 표본을 찾기 시작했다. 크기가 큰 것은 찾기가 쉬웠지만, 작은 것들은 쉽게 발견되지 않았다.

처크는 이 상자를 꺼내 볼 때마다 늘 신기하고 행복해 했다. 서로 다른 종류의 암석을 분류하고 그 특징을 식별하는 공부를 할 수 있었기 때문이었다. 하지만 이제 다 소용없다는 기분이 들었다. 수지를 도저히 용서할 수 없을 것 같았다. 처크는 상자를 가지고 자기 방으로 문을 쾅 닫고 들어가서는 저녁 식사 시간까지 꼼짝도 하지 않았다.

저녁 식탁에는 어머니와 수지, 그리고 처크만 있었다. 처크의 아버지는 출장 중이었기 때문이다. 식사 분위기는 몹시 무거웠다. 처크는 아무 말도 하지 않았을 뿐만 아니라 음식에 손도 대지 않고 있었다. 수지의 눈은 빨갛게 부어 있었고 아직도 눈물이 찔끔찔끔 나오고 있었다.

어머니가 말씀하셨다. "낮에 있었던 일은 식사가 끝난 뒤에 이야기하자. 식사 시간만은 즐거워야 한다." 하지만 처크는 여전히 입을 꼭 다문 채 접시에 놓인 음식에 눈길도 주지 않고 있었다.

"처크, 음식에 손도 대지 않고 말 한마디 없이 그렇게 앉아만 있으면 용서하지 않을 거야. 너 지금 식탁에서의 태도가 정말 무례하구나."

처크는 벌떡 일어나더니 문을 쾅 닫고 밖으로 나가 버렸다. 나무에 오르기에는 너무 어둑어둑했다. 그는 바람이 불어오는 곳을 향하여 나무줄기를 등지고 앉았다.

'이젠 무례하다는 꾸중까지 듣고, 식탁에서 쫓겨났어. 이게 다 수지 때문이야. 너무 억울해. 아버지가 오시면 날 이해해 주실 거야.'

아버지는 자기를 두둔해 주실 것 같았다. 하지만 정말 그러실까? 순간 처크는 얼마 전에 제일 친한 친구에게 화가 났던 일이 생각났다.

"화를 내는 것이 문제를 해결해 주지는 않는다." 그때 아버지께서는 이렇게 말씀하셨다. "네가 진정 해야 할 일은 왜 화가 났는지를 살펴보는 일이다. 그리고 나서 너를 화나게 한 그 일이 어떻게 하면 해결될지를 조용히 생각해 보는 시간을 갖거라. 이런 문제들을 해결하기 위해 네가 의지적으로 노력할 때 넌 마음의 평화를 얻을 수 있단다."

'난 지금 마음의 평화를 찾을 수가 없어.'

처크는 생각했다. 조금 전 나무 위에 앉아 있을 때만 해도 정말 즐거웠었다. 지금은 골치가 아플 지경이었다. 수지의 얼굴에서 흘러내리던 눈물과 자신의 무례한 행동에 실망하시던 어머니의 모습이 처크의 마음을 아프게 했다.

"하지만 잘못한 사람은 수지인데…." 처크는 자신의 생각을 정리했다. "이제 더 이상 화를 내어선 안 돼!" 스스로에게 이렇게 타일렀다.

잃어버린 표본이 얼마나 될까? 아마 그렇게 많지는 않을 것이다. 수지와 함께 내일 다시 찾으면 되리라. 수지와? 낮에는 수지에게 도움 따윈 필요없다고 하고 지금에 와서는 내일 수지와 함께 표본을 찾아보려고 하다니….

수지가 비록 어린 여자애이기는 했지만 둘은 늘 사이가 무척 좋았다. 이렇게 계속 동생에게 화를 내고 거칠게 대할 수는 없었다.

갑자기 처크는 수지한테 가 봐야 한다는 생각이 들었다. 그는 집으로 뛰어 들어갔다. 마당에 들어서자 현관 앞에 앉아 계시는 어머니의 모습이 보였다. 그는 천천히 층계 위로 올라갔다.

"죄송해요, 엄마. 저녁 식사 때 제가 정말 잘못했어요." 처크가 먼저 말을 꺼냈다.

"넌 무척 화가 나 있었어. 누구나 화가 나면 거칠어지게 마련이란다."

"엄마, 이해해 주셔서 고마워요. 그런데… 저, 수지에게 미안하다는 생각이 들었어요. 아무리 수지가 잘못했더라도 그렇게까지 화를 내지는 말았어야 했는데…. 어떻게 하면 좋을까요?"

"그 대답은 수지가 이미 했었지 않니?"

"수지가요? 어떻게요?" 처크가 물었다.

"자기 잘못을 시인하고, 표본을 함께 찾아 주겠다고 했으니 결국 수지는 자기로 인해 생긴 문제를 해결하려고 노력했어."

"그런데 전 들으려고 하지도 않았으니…. 아직 자고 있지 않겠죠? 찾아가 봐도 될까요?"

어머니는 고개를 끄덕이셨고, 처크는 조용히 2층으로 올라갔다. 방에서 새어나오는 불빛으로 보아 수지가 자고 있지 않는 것이 확실했다.

수지는 담요를 두른 채 침대에 앉아 있었다. "수지?" 처크가 조용히 불렀다.

"아, 오빠! 오빠가 오기만을 기다렸어. 정말 미안해…" 그리고 수지는 또 울기 시작했다.

처크는 침대에 걸터 앉아 동생을 가볍게 안아 주었다. "수지, 이제 그만 울어. 내가 너무 화를 내서 미안하다."

"오빠, 이젠 화 풀렸어?"

"그래, 이제 다 풀렸어."

"고마워, 오빠. 앞으로는 오빠 물건에 손대지 않을 거야. 엄마한테 너무 말을 안 듣는다고 야단맞았어."

"사실은 나도 잘한 일 없지 뭐." 처크가 웃으며 말했다. "오늘 찾지 못했던 표본은 내일 함께 찾을 수 있을 거야."

"내가 도와줘도 돼?"

"그럼, 수지. 네가 꼭 도와줘야 해."

"아, 오빠! 오빠는 역시 좋은 사람이야."

안도의 숨을 쉬며 자리에 누운 수지는 곧바로 깊은 잠에 빠졌다.

처크는 현관 앞에 다시 나와 층계에 앉았다.

"수지가 깨어 있던?"

"예, 아마 절 기다리고 있었나 봐요. 내일 함께 표본을 찾기로 했어요."

처크가 심호흡을 크게 하며 말했다. "이제 모든 일이 잘 되었으니 저도 그만 가서 자야겠어요."

"사도 바울은 지금 너의 이런 기분을 잘 알고 에베소서에 이렇게 기록했나 보다. '해가 지도록 분을 품지 말라'고 말이야. 처크, 배고프지 않니? 자기 전에 파이 한쪽 먹을래?" 처크와 어머니는 흐뭇한 마음으로 식당으로 들어갔다.

> 그때에 베드로가 예수께 다가와서 말하였다. "주님, 내 형제가 나에게 자꾸 죄를 지으면 내가 몇 번이나 용서하여 주어야 합니까? 일곱 번까지 하여야 합니까?"
>
> 마태복음 18장 21절~22절

사랑하는 하나님!
저를 분노함으로부터 지켜 주세요.
만약 무척 화가 나는 일이 생기더라도
저를 화나게 한 사람들을
용서할 수 있는 마음을 주시고
그 사람들과 화해할 수 있도록 도와주세요.

자전거를 타며 싹튼 우정

🌱 폴은 깊게 숨을 들이쉬고 나서
천천히 그의 손을 건반 위에 내려놓았다. 옆 눈으로 힐끗 보니 예배당 앞줄 긴 의자에 앉아 있는 에릭이 눈에 들어왔다. 그는 연신 앞에 앉아 있는 친구를 쿡쿡 찌르며 의미 있는 미소를 짓고 있었다.

폴은 그 비웃음 같은 미소가 자신을 향한 것임을 알고 있었으며, 그로 인해 신경이 몹시 거슬렸다. 하지만 그런 불쾌함 따위는 뒤로 미뤄둔 채 폴은 그의 온 정신을 지금까지 연습하고 있던 베토벤의 소나타에 다시 집중시켰다.

주일 대예배의 전주곡을 맡게 된 폴은 정말 자랑스러웠고,

최선을 다해 자신의 피아노 솜씨를 뽐내고 싶었다.

그러나 집에 돌아가려고 자전거에 올라탔을 때 그 불쾌한 감정이 다시 폴의 마음 깊숙한 곳으로부터 치밀어 오르기 시작했다.

이 마을도 지금까지의 다른 마을들과 별다를 것이 없었다. 폴의 아버지의 직업이 자주 바뀌었기 때문에, 그로 인해 그의 가족들은 자주 이사를 다녀야만 했다. 폴이 아주 어렸을 때는 그런 것이 그다지 문제되지 않았으나 폴이 점점 나이를 먹어 가면서부터는 상황이 달라졌다.

최근 얼마 전에 한 이사도 폴에게는 고통이었다. 학교의 새로운 친구들이나 교회 친구들은 자기들만의 울타리를 쳐두고는 폴을 배타적으로 대했다. 그들은 폴에게 별다른 관심도 갖지 않았으며 따라서 당연히 그의 생각이나 의견은 무시당할 수밖에 없었다.

가령 주일학교 모임에서 폴이 제안했던 인명 구조 및 응급 처치 훈련도 쓸데없는 시간 낭비쯤으로 취급되었다. 그의 제안에 대한 아이들의 반응은 무거운 침묵뿐이었다.

그런 일이 있은 후부터 폴은 절대 자기의 의견을 제시하려고 노력하는 일이 없어졌고 그저 모임의 가장자리에 조용히 앉아 있다가 나오곤 했으며 따라서 그의 관심은 어렸을 때부터 좋아했던 음악으로 쏠리기 시작한 것이다.

폴이 이런 저런 생각에 잠겨 있는 동안 누군가 계속 그를 부르고 있음을 깨달았다.

"어이, 폴! 기다려. 할 말이 좀 있어."

폴이 뒤를 돌아보았다. 주일학교 같은 반인 에릭과 제프리였다.

그들은 열심히 폴을 향해 자전거 페달을 밟았다. 자전거를 멈추며 에릭은 약간 쑥스러운지 손가락으로 연신 머리를 쓸어올렸다.

"저, 얼마 있으면 자전거 경주가 열린다는 것 너도 알고 있지?" 그가 불쑥 이렇게 물었다.

폴은 고개를 끄덕이는 것으로 대답을 대신했다. 성누가교회의 학생회에서 이따금 자전거 경주를 도전해 오면서부터 이 행사는 폴이 다니는 교회의 소년들을 가장 들뜨게 만드는 행사가 되었다. 패한 쪽은 이긴 쪽을 무등 태워 주고 소시지를 구워 대접하기로 되어 있다.

"그런데." 에릭이 말을 이어나갔다. "우린 선수 한 명이 더 필요하거든. 네가 좀 도와줄 수 있겠니?"

폴의 마음에 반가움과 불안감이 동시에 엇갈려 어떻게 결정해야 할지 갈등을 겪어야만 했다. 그는 에릭이 교회에서 자기에게 했던 행동을 상기하며 입을 꼭 다물어 버렸다.

'선수가 모자라는 팀으로 그대로 내버려 두자. 내가 관여할 바가 아니다.' 라는 생각이 들었다. "미안해, 난 피아노 연습을 해야 돼." 폴이 퉁명스럽게 대답했다.

"약간의 시간도 낼 수 없단 말이니?" 폴의 자전거를 막고, 에릭이 계속해서 다그쳤다. "넌 네 시간을 전부 피아노 연습에만 쏟아붓는 모양이지?"

폴은 자전거를 움직이려다 잠시 멈추었다.

"유능한 피아니스트가 되려면 열심히 연습해야 해. 다시 말해서 다른 일들을 포기해야만 한다는 거야. 유명한 피아니스트들을 보면 내 나이에 시간과 힘을 낭비했다는 소리를 들은 적이 없다구."

폴의 목소리에 담긴 격렬함 때문인지 에릭은 포기하지 않고 계속 뒤를 따라 붙었다.

"한 번쯤 더 생각해 볼 수는 없겠니? 우선 토요일 아침에 총 연습을 할거야. 마음이 변하면 9시까지 교회로 나오라구. 3시까지는 계속 연습하면서 기다리고 있을게."

에릭과 제프리가 돌아가며 나누는 이야기가 폴의 귀에 들려왔다.

"사내 녀석이 왜 음악에 코를 파묻고 있는지 알다가도 모를 일이야. 피아노 소리가 나한테는 소음 공해로 밖에는 안 들리던데 말이야."

"그게 폴에게는 즐거운 일인지도 몰라. 폴이 그러는 대신 너도 야구에 푹 빠져 있잖아?" 제프리가 말했다.

"그럴 수도 있겠다."

폴은 집으로 돌아와 생각에 잠겼다. '내가 거길 가? 절대가지 않을 거야.'

그러나 토요일 아침, 양치질을 하면서 폴은 마음을 바꾸었다. 아마 친구들이 자신을 체력이 필요한 경기는 못할 것으로 여길지도 모른다. 특히 이번에야말로 에릭을 놀려 먹을 좋은 기회다. 에릭의 코를 납작하게 만들어 주자.

함께 어울릴 친구가 별로 없는 이유로 그는 자전거를 무척이나 많이 탔고, 그로 인해 튼튼한 근육을 보유하고 있었다.

"난 누구보다도 빨리 언덕을 오를 수가 있어." 화장실 거울 앞에 서서 자신의 모습을 바라보며 이렇게 중얼거린 후 폴은 아래층으로 내려와 아침 식사를 했다.

"마음을 바꿨구나, 반갑다!" 폴이 교회 주차장에 들어서자 에릭이 폴을 향해 외쳤다.

폴은 들은 척 만 척하며 다른 친구 두 명과 함께 지도를 펼쳐보고 있던 제프리에게로 다가갔다.

"자, 출발하지!" 헬멧을 쓰며 에릭이 말했다. 모두들 출발 준비를 했다.

"실제 경기 때처럼 달리는 거야. 우리 넷 중 하나가 타이어가 펑크났거나 무슨 이유로 중도에 포기해야 할 경우, 나머지 다른 사람이 대신 달리는 거야. 낙오자까지도 따라잡는 거다. 모두 알겠지? 어때?"

"좋아!" 우렁찬 목소리가 합창이 되어 울려 퍼졌다. 자전거에 올라탄 소년들은 주차장을 빠져 나와 마을 외곽길을 따라 일렬로 달렸다. 잠시 후 그들은 계곡을 따라 난 마을 뒷길을 경쾌하게 달리고 있었다.

폴은 제프리의 뒤를 따르고 있었지만 서로 이야기를 주고받는 일은 거의 없었다. 그저 페달을 밟고 있는 앞 사람의 발만 주시할 뿐이었다. 폴은 자신있게 달렸으며 꾸준히 흐트러짐 없이 나아갔다. 내키지 않았지만 에릭이 이 조를 잘 이끌고 있음을 폴도 인정하지 않을 수 없었다. 그는 조원들간의 거리를 잘 유지시켜 나갔다.

얼마 지나지 않아 계곡에서 벗어나 꾸불꾸불한 언덕길을 오르게 되었다. 이제 전진도 조금씩 힘들어지기 시작했고 태양은 더욱 뜨겁게 내리쬐고 있었다.

폴은 다리에 통증을 느꼈다. 목이 타는 듯한 갈증과 함께 비오듯 쏟아지는 땀이 그의 얼굴을 타고 흘러내렸다.

제프리는 헬멧의 고리를 풀어 헐렁하게 했다. 마침내 그들은 산마루를 향해 치닫고 있었다. 여기서부터는 도로가 폭이 좁고 양옆이 날카롭게 깎여져 있는 길이다. 소년들은 기어를 변속하며 맞은편 계곡을 향해 점점 빠른 속도로 달려 내려갔다. 제프리는 땀에 젖은 셔츠를 바람에 말리기 위해 운전대에서 손을 떼고 옆으로 번쩍 쳐들었다.

순간 놀라움으로 커다랗게 된 폴의 눈앞에 제프리의 자전거가 도로 위 움푹 패인 웅덩이를 지나며 휘청거렸다. 제프리가 운전대를 잡으려고 했으나 때는 이미 늦고 말았다.

꼬리를 쳐들고 날뛰는 야생마처럼 그의 자전거가 도로에서 튀어 올라 빙그르르 돌며 도로 옆에 쳐 박혔고 자전거에 타고 있던 제프리는 완전히 거꾸로 한 바퀴 돌며 도로 가장자리를 깎아 만든 가파른 제방 아래로 떨어졌다. 그 뒤를 따라 벗겨진 그의 헬멧이 굴러 떨어졌다.

깜짝 놀란 친구들은 자전거를 급히 세우고 제프리가 쓰러져 있는 곳으로 미끄러져 내려갔다. 맨 먼저 달려간 에릭이 그의 가슴 위에 손을 대어 보았다. "머리를 열 번을 더 부딪혔겠어! 어, 숨을 안 쉬어! 어떻게 하지?"

"숨을 안 쉰다고?" 폴의 목소리가 산 속의 적막을 깨고 크게 울려 퍼졌다. 적절한 응급조치를 하지 않으면 제프리는 죽게 될 것이 틀림없었다. 폴의 심장이 마구 뛰기 시작했다.

폴은 재빨리 제프리의 목을 뒤로 젖히고 코를 집어 틀어막았다. 그리고는 자신의 입을 제프리의 입에 갖다 대고 네 번에 걸쳐 그의 폐 속으로 공기를 불어넣었다.

네 번의 인공호흡이 끝나자 그는 손가락으로 제프리의 목을 더듬어 동맥을 찾아 지그시 눌러 보았다. 여전히 맥박은 멈춰 있었다. "누구 인공호흡할 줄 아는 사람 없어?" 혹시나 하는 기대 속에서 물어보았으나 아무도 대답이 없었다.

이제 모든 희망은 폴에게 달려 있었다. 폴은 하는 수 없이 떨리는 손을 겹쳐서 제프리의 가슴에 갖다 대고, 늑골과 흉골이 만나는 위를 찾아 힘차게 눌러 자극을 가했다.

'아, 하나님. 어떻게 해야 하는지 정확하게 기억나게 해 주세요!' 폴은 기도했다. 빠른 속도로 계속 15번을 자극하고 나서 폴은 다시 제프리의 입 속으로 두 번 공기를 불어넣었다. 그리고는 다시 15번 자극, 그리고 다시 두 번 인공호흡. 폴은 번갈아 규칙적으로 자신이 배운 기억을 더듬으며 응급처치를 해 나갔다.

옆에 있던 소년들은 그저 멍청하게 바라보고만 있을 뿐이었다. 갑자기 정신을 차린 듯 에릭이 다른 두 친구에게 말했다. "너희들은 마을로 내려가서 구급차를 불러와야 되겠다. 자, 빨리 서두르자!"

"아참, 그렇지!" 그들은 언덕을 기어올라 자전거를 타고 사라졌다.

"내가 뭔가 도와줄 일은 없니?" 에릭이 폴 옆에 쪼그리고 앉으며 물어보았다. "너의 제안을 받아들였어야 했는데… 이제 와서 생각하니 정말 후회스럽구나."

폴은 아무 대꾸도 하지 않았다. 아니, 대꾸를 할 수가 없었다. 그는 응급처치에 온 힘을 쏟아야만 했다.

시간이 얼마나 지났을까? 폴도 지치기 시작했다. 얼마나 오래 계속해야 하는 것일까? 머리가 핑핑 돌 지경이었다. 만약 폴이 지쳐 쓰러지고 만다면? 구급차도 오지 않는다면? 폴이 지쳐서 숨을 헐떡이고 있는데 갑자기 기적이 일어났다.

제프리의 몸이 약간 움직이는가 싶더니 혼자 숨을 쉬기 시작한 것이다. 아직 의식은 없었지만 얼굴에 핏기가 돌아오고 있었다. 폴은 그제서야 자신의 팔에 힘을 뺐다. 밀려오는 피곤에 어깨가 축 늘어졌다.

"폴! 네가 제프리의 목숨을 구했어!" 에릭이 놀라움과 감탄이 뒤섞인 얼굴로 울먹이며 말했다.

"피아노나 두드리는 네가 누군가의 목숨을 구하리라고는 정말 꿈에도 생각지 못한 일이다. 정말 대단해."

"내가 피아노를 좋아한다고 해서 그것이 큰일을 못 한다는 걸 의미하지는 않아." 폴은 이렇게 대꾸하고 나서 픽 웃었다.

"기분 괜찮은데?" 에릭도 따라 웃으며 폴의 어깨를 얼싸안았다.

이때 제프리가 몸을 움직이며 눈을 떴다. "어, 어떻게 된 거지?" 숨을 헐떡이며 웃고 있는 친구들을 보며 말했다.

폴이 그의 손을 꼭 쥐며 말했다. "가만히 누워 있어. 넌 사고를 당했어. 하지만 모든 일이 잘 되었으니 걱정하지마. 저 사이렌 소리 들리지? 구급차가 널 도우러 오는 중이야."

잠시 후, 폴과 에릭은 들것에 실려 가는 제프리를 따라 언덕 위로 올라갔다. 에릭이 다정스레 그의 팔을 폴의 팔 위로 가져갔다.

"너를 음악밖에 못하는 아이라고 놀려서 미안하다. 우리 지금부터라도 좋은 친구가 될 수 있을까?"

"나도 정말 그러고 싶었어." 폴이 대답하며 에릭의 어깨에서 뭔가를 털어 주었다.

"이렇게 한 다음 나의 먼지를 털어 달라고 하는 것이 순서인 것 같아. 우리가 다른 사람들을 받아들이지 않으면 다른 사람들도 우리를 받아들이지 않을 거야. 안 그래?"

"어찌하여 너는 남의 눈 속에 있는 티는 보면서 네 눈 속에 있는 들보는 깨닫지 못하느냐?"

마태복음 7장 3절

하나님!
저로 하여금 다른 사람들을
비판하지 않게 해 주세요.
그들이 나를 무례하게 대할지라도
그들 속에서 주님을 보게 하시고
우리 모두가 당신의 자녀임을 깨닫게 해 주세요.
이로 인해 우리가 서로 더욱
가까워질 수 있게 되기를 원합니다.

약속을 지키고 받은 선물

허그스 할머니의 정원에서 잔디를 깎고 있는 더그의 마음은 콩밭에 가 있었다. 몸은 이곳에 있었지만 마음은 지금쯤 새로 생긴 공원을 향해 가고 있을 친구들의 뒤를 쫓고 있었던 것이다.

친구들이 타고 가는 자전거 짐칸에 큼직한 도시락과 수영복이 손에 잡히는 듯했다. 더그도 함께 가고 싶었지만, 허그스 할머니에게 정원 일을 도와주기로 약속을 했던 터였다.

"일요일에 하면 안 될까요? 아니면 다음 주중에 하교 후에 하던가."

저녁 식사를 하면서 더그는 이렇게 투덜거렸다. "왜 꼭 토요일이어야만 하죠?"

아버지와 어머니는 아무 말씀도 하지 않으셨다. 약속을 지켜야 한다든가, 아니면 자기가 하겠다고 한 일을 해야만 신용을 잃지 않는다라든가 하는 이야기조차 없었다.

사실 그런 이야기는 할 필요조차 없는지도 모른다. 더그의 아버지는 이미 예전부터 더그에게 몇 번이나 일거리를 알려 주실 그때마다 더그의 태도나 행동하고 생각하는 것에 대해 많은 충고와 이야기를 해 주신 터였다. 심지어 예수님과의 약속을 어기고 세 번씩이나 예수님을 모른다고 부인했던 베드로의 일화도 귀가 따갑도록 들어왔었던 것이다.

허그스 할머니께 친구들과 함께 하이킹을 가야 한다는 것과, 다른 날을 골라 도와주겠다는 말을 어떻게 해야 하는지를 두고 더그는 많은 갈등을 겪어야 했다. 그러나 스스로와 여러 번에 걸쳐 대화를 나눠본 결과, 하이킹은 앞으로도 자주 있을 테지만 반면 허그스 할머니의 잔디는 이발시켜 줄 때까지 얌전히 기다리고 있을리가 만무하다는 엄연한 사실을 받아들이지 않을 수 없었다.

그래서 결국 더그는 이렇게 약속을 취소하고 허그스 할머니

댁 정원의 잔디를 깎고 있는 것이다. 잔디 깎는 일이 끝나면 꽃밭 두 군데에 잡초도 뽑아 주어야 한다. 정말 화창한 토요일이 완전히 구겨지는 날이 되었다.

허그스 할머니가 현관으로 나오시더니 더그를 불렀다. 더그는 기계의 작동을 멈춘 후에야 할머니가 부르는 소리를 들을 수 있었다.

"덥겠구나, 더그! 잠깐만 이리 오너라."

더그가 층계에 이르자 할머니께서 차가운 우유 한 잔과 간식이 담긴 접시를 내미셨다. "오늘 우리 손자들이 날아온단다."

할머니가 자랑스러운 듯 말씀하셨다. "말 그대로 날아오지. 손자 녀석들이 모두 기구 조종사거든."

"그럼 정말 풍선을 타고 날아온다는 말씀이세요?" 놀란 표정으로 더그가 물었다.

"그럼, 그애들은 오늘 아이오와에서 열리는 기구 경기에 참가하러 간단다. 가는 길에 잠시 들르겠다고 연락이 왔지."

할머니의 얼굴에는 웃음꽃이 피어올랐다. "너도 부르스와 레스터를 한번 만나봤으면 좋겠구나."

'풍선도 보고 싶은데요.' 더그는 이렇게 생각하고 우유와 간식에 대해 할머니께 감사드린 후 잔디 깎는 일을 마쳤다. 우울했던 기분도 상당히 좋아졌다.

잔디깎기를 마치고 폴이 앞에 있는 꽃밭에 들어가 엎드려 잡초를 뽑고 있는데 대문 앞에 차 한 대가 도착했다. 젊은 청년 두 명이 차에서 뛰어내리더니 현관 앞으로 성큼성큼 걸어 들어와 벨을 눌렀다.

"할머니, 저희들 왔어요."

'손자들이 드디어 날아왔나 보군.' 더그는 생각했다.

뜰 앞쪽의 꽃밭에 잡초가 깨끗이 제거되었다. 더그는 집과 담장 사이의 꽃밭으로 옮겨갔다. 잡초를 뽑다가 꽃을 망치는 일이 없게 하기 위해 더그는 어머니께서 정원의 잡초들을 어떻게 뽑아내셨던가를 기억하면서 풀들을 뽑아나갔다.

특히 여기저기 얽혀 있는 덩굴손을 조심해야 했다. 마지막 잡초까지 다 뽑았다는 판단이 서자 더그는 일어서서 자신이 오늘 한 일을 가만히 되돌아보았다. 확실히 뭔가를 했다는 기분이 들었고 흙 묻은 손과 무릎이 또한 그것을 입증해 주고 있었다.

연장과 쓰레기통을 치우고 나자 더그는 현관으로 가서 벨을 울렸다.

"안녕! 네가 더그지?"

조금 전 차에서 내렸던 할머니의 손자 중 한 명이 문을 열어주며 이렇게 말했다.

"자, 들어와."

"고맙지만, 허그스 할머님께 드릴 말씀이 있어서 왔어요. 제가 일을 제대로 했는지 나와서 보셨으면 하구요."

더그가 말했다.

"할머니! 더그가 잠깐 나와보시래요."

더그 앞에 서 있는 청년이 큰 소리로 할머니를 불렀다.

윗층에 계시던 할머니가 내려오셨다. 할머니는 천천히 꽃밭과 잔디를 둘러보셨다. 다 둘러보시고 나자 더그를 향하여 환한 미소를 지으며 이렇게 말씀하셨다.

"정말 깨끗하게 잘했구나, 더그. 이렇게 깨끗하게 손질된 적이 없었단다. 화창한 토요일에 하고 싶은 일도 많았을텐데 이렇게 도와주어서 정말 고맙다. 약속을 잘 지키는 믿음직스러운 소년을 만나게 된 것이 무엇보다 즐겁구나. 뭔가를 선물

하고 싶은데… 풍선을 태워 주면 어떻겠니?"

"와! 저 형들과 함께 제가 기구를 타고 하늘을 날아볼 수 있단 말이죠?"

"그렇지. 그 애들은 지금 떠나야 하지만 잠시 너를 태워 줄 수는 있을 거야. 네가 풍선타기를 좋아하고 기구 조종사가 되고 싶어한다는 것을 알게 되면 그 애들도 무척 기뻐할꺼야. 자, 들어가서 만나보렴. 너의 어머니께는 미리 전화해 두었단다. 네가 마음만 먹으면 모든 준비가 돼 있어."

"전 벌써 결정됐다구요."

더그는 자신 앞에 펼쳐진 행운을 도저히 믿을 수가 없었다.

부루스와 레스터는 할머니께 인사를 드리고 돌아오는 길에 다시 들르겠다는 약속을 남기고 더그와 함께 인근 고등학교 운동장을 향해 출발했다.

"카알이란 친구가 운동장에서 풍선을 지키고 있어."

부르스가 말했다.

"레스터와 나는 비행을 하고 카알은 우리를 도와주지. 특히 착륙할 때는 그의 도움이 꼭 필요해."

운동장에 도착해 보니 풍선이 바닥에 펼쳐져 있었다. 풍선은 푸른색과 주황색, 그리고 노란색의 줄무늬가 섞여 무척 화려해 보였다.

"여기다, 더그. 풍선의 입구를 좀 벌리고 있으렴. 카알이 시동을 걸꺼야. 송풍기가 돌면 풍선 속으로 바람을 불어넣게 되는 거란다."

더그는 레스터와 부루스를 도와 풍선의 큼직한 입을 벌리고 있고, 카알이 그 속으로 바람을 불어넣었다. 풍선이 점점 커지더니 잠시 후 가열기와 바구니가 덜렁거리며 더그의 머리 위로 떠오르기 시작했다.

"붙잡아, 더그! 그 바구니를 꼭 붙잡고 있어야 해!"

레스터가 소리쳤다.

"놓쳐 버리면 풍선이 날아가 버린다구. 부루스, 네가 더그와 함께 타고 가거라. 나는 카알과 함께 있을게. 자, 더그! 올라 타!"

레스터는 더그가 바구니 속으로 올라탈 수 있도록 도와주었다. 마침내 풍선은 하늘로 떠올랐다. 그때 갑자기 무시무시한 굉음이 들려왔다. 더그는 그 소리가 머리 위에서 들리고 있다는 걸 알아차렸다.

"가열기를 작동시켰단다."

부루스가 설명해 주었다.

"작동하고 있는 동안은 무척이나 시끄럽지. 우리 머리 위로 뚫려 있는 구멍으로 뜨거운 바람을 풍선 속에 집어 넣는 거야. 뜨거운 공기는 풍선을 팽창시켜 높은 곳으로 뜨게 만들지. 풍선은 바다 위의 배처럼 하늘을 떠다니게 되는데, 배는 아래위로 움직이지 못하지만 풍선은 할 수 있어. 뜨거운 공기를 넣어 주면 올라가고 식게 내버려 두면 밑으로 내려가는 거야."

드디어 그들은 학교 건물보다 더 높이 떠올랐다. 더그는 도로를 따라 광장과 공원, 그리고 강을 내려다 볼 수 있었다. 키 큰 나무들 위를 날아 옥수수 밭을 지날 때는 일하던 농부 아저씨들이 손을 흔들어 주기도 했다.

"기구를 마음대로 조종할 수도 있나요?" 더그가 물었다.

"조금은 할 수 있어." 부루스가 대답했다.

"공기의 온도로 이 풍선을 아래 위로 움직일 수 있고 바람이 부는 방향으로 날아갈 수도 있지만, 사실 가고 싶은 곳으로 마음껏 가지는 못해. 그저 타고 날면서 즐기는 것뿐이지. 카알이 차를 타고 따라다니며 우리가 착륙하는 곳에 기다렸다가

진짜 저의 마음을 즐겁게 했던 것은 말끔히 청소된 정원의 모습과 저에게 고마움을 표시하는 할머니의 미소였어요.

잡아 주는 이유가 바로 거기에 있는 거야."

지금 더그는 이제껏 경험하지 못한 아주 깊은 고요를 맛보고 있었다. 그들이 날아가고 있는 그 어느 곳에도 소음 따위는 없었다. 오직 자유와 광명, 그리고 잔잔한 평화로움만이 그들을 감싸고 있었다. 더그는 지금까지 한번도 느껴 보지 못한 새로운 경험을 하고 있었던 것이다. 더그는 부루스에게 자기도 커서 기구 조종사가 되겠다고 말했다.

"아쉽지만 이제 내려가야겠다."

부루스가 더그에게 미안한 듯 말했다. "저기 저 오래된 활주로에 착륙하면 되겠구나. 우리 차 뒤에 누군가 쫓아오고 있는데?"

"어! 우리 아버지 차예요." 더그가 소리쳤다.

풍선이 내려가기 시작하자 더그는 저 아래를 향하여 손을 흔들며 소리를 질렀다. 부루스가 풍선 꼭대기에 있는 뚜껑을 열어젖히자 풍선 안에 있던 공기가 빠져 나가며 천천히 바닥으로 내려 앉았다. 더그는 바구니에서 내렸고 대신 레스터가 올라탔다.

"고마워요! 정말 고마워요. 이번 대회에서 행운이 있길 기도하겠어요."

풍선이 다시 떠오르자 더그가 레스터와 부루스를 향하여 큰 소리로 인사를 했다.

"자, 나도 아이오와로 떠나야겠구나!"

카알도 차를 몰고 아이오와를 향해 출발했다.

"걱정이 돼서 쫓아왔다."

모두 떠나고 나자 아버지께서 더그에게 말씀하셨다. "엄마가 나에게 전화를 했더구나. 그래, 기분이 어땠니?"

"정말 굉장했어요!" 더그는 방금 자신이 경험한 것을 아버지께 열심히 설명해 드렸다. "만약 허그스 할머님과의 약속을 지키지 않았더라면 이런 행운을 놓쳐버릴 뻔했어요."

"그렇다고 해서 모든 일에 이런 보답이 주어진다고 생각해서는 안 된다."

"알아요, 아버지. 풍선 타는 일도 멋있었지만 사실 진짜 저의 마음을 즐겁게 했던 것은 말끔히 청소된 정원의 모습과 저에게 고마움을 표시하는 할머니의 미소였어요."

"마지막으로 형제자매 여러분, 무엇이든지 참된 것과 무엇이든지 경건한 것과, 무엇이든지 옳은 것과, 무엇이든지 순결한 것과, 무엇이든지 사랑스러운 것과, 무엇이든지 명예로운 것과, 또 덕이 되고 칭찬할 만한 것이면 이 모든 것을 생각하십시오."

빌립보서 4장 8절

하나님!
신뢰받는 사람이 되고 싶어요.
언제나 약속을 지키며 주님이 하신 대로 좇아
신뢰받는 사람이 되게 도와주세요.
제가 실패할 때는 용서해 주시되
끝까지 최선을 다하도록 채찍질해 주세요.

사랑으로 행하라

"이번 놀이터 계획에 찬성하는 사람들은 모두 오른손 들어 봐!"

팀은 모여 있던 아이들을 쭉 훑어보았다. 반대하는 사람은 아무도 없었다.

땅꼬마 오스카도 주위의 아이들을 따라 오른손을 번쩍 든 채 약간 균형잡히지 않은 얼굴에 만면의 웃음을 머금고 있었다.

팀은 속으로 콧방귀를 뀌었다. '도대체 저 애가 어떻게 우리 학생부에 들어오게 되었는지 알다가도 모르겠단 말이야. 내가 하는 말을 한 마디도 못 알아 들을텐데!'

이런 생각을 하면서 팀은 자신이 해야 할 말을 되새겨 보았다. "자, 그럼 난 교회 재정 집사님께 마을 어린이들을 위해 교회 뒷마당에 놀이터를 만들기로 했다고 말씀드릴게. 교회 재정에서 보조해 달라는 말은 안 해도 되겠지?"

"그래도 할 말은 다 해야 한다구!" 조가 끼어들었다. 제발 나서지 말았으면!

팀이 조의 말은 들은 체도 않고 이렇게 말했다.

"저, 테리! 너와 맥이 장애물놀이 밑에 깔 타일을 기부하겠다고 한 어느 건설업체 직원을 알고 있다고 했지? 내일 그분께 전화할 수 있겠니?"

"그러지 뭐!" 테리가 대답했다.

"시청 공원과에서 인근 공원의 그네를 교체하기로 했대. 아마 중고 그네를 싸게 살 수 있을 거야. 내가 한번 알아볼게." 제인이 자랑스러운 얼굴로 말했다.

"좋아, 하지만 이미 그 공사가 시작되었으니 서두르는 게 좋을 거야. 음, 그리고 전에도 말했지만, 정글짐은 우리 아버지와 내가 만들기로 했어. 아버지가 벌써 설계를 해 놓으셨고, 필요한 나무는 이번 주 내로 준비하실 거야. 혹시 누구 연장 다루는 방법 알고 있는 사람 있니?"

아무도 대답하는 사람이 없었고 아이들은 그저 눈만 껌벅거리고 있었다.

"좋아, 둘이서 해도 그럭저럭 될 거야. 기초 공사는 토요일에 할 예정이니까 그날 만나자."

팀은 나무 망치를 세 번 두드렸다. "회의 끝!"

집으로 돌아오는 길에도 팀은 이번 놀이터 공사 계획이 자랑스럽게 느껴졌다. 초등부에 있다가 학생부로 올라오면서 마을을 위해 처음 맡게 되는 교회의 일이라 학생부원들은 저마다 하나씩 작업을 맡으려 하고 있었다. 땅꼬마 오스카까지도 말이다.

순간 팀의 입에선 한숨이 새어 나왔다. 그에게는 무슨 일을 시키면 좋을까? 정든 나라와 함께 지내던 사람들을 떠나 낯선 땅에서 산다는 것이 무척 어려우리라 여겨져서 팀은 될 수 있는 대로 오스카를 다른 아이들과 똑같이 대해 주어야겠다고 생각하고 있던 터였다.

팀이 다니던 교회에서는 쿠바 난민들을 돕고 있었다. 로페즈 씨 일가족도 이 교회의 도움으로 한 달 전쯤 이 마을에 도착했다. 그들은 주일마다 교회에 나왔으며 외국 난민들을 위한 재활센터에서 실시하는 영어 강좌에 등록하기 위해 차례를 기다리고 있었다. 학교에서는 오스카의 통역을 위해 누군가가 따라다닌다는 이야기를 들었다. 말이 통하지 않는 아이와 의사소통을 하는 것은 얼마나 답답한 일이겠는가? 팀은 확실히 이런 일에 익숙치 않았다.

토요일 아침의 교회 뒷마당은 마치 잼버리 대회가 열린 것처럼 시끌벅적했다. 여기저기 서 있는 단풍나무 아래에 모래 주머니가 깔리고 그 속에 모래가 채워지고 있었으며, 테리와 맥은 예정대로 그네를 설치하느라 여념이 없었다.

제인과 오스카는-오스카도?-장애물 놀이 바닥에 깔린 타일에 밝은 색의 페인트를 열심히 칠하고 있었다. 팀은 일손을 멈추고 잠시 그들이 일하고 있는 모습을 바라보았다. 오래 사귄 친구처럼 그들은 손짓 발짓 해 가며 낄낄거리고 웃기까지 했다.

팀은 막대기와 실을 가지고 정글짐이 서게 될 자리에 획을 긋고 계시는 아버지를 도우러 갔다. 아버지는 자신이 구상한 것을 설명해 주고는 조심스레 측정해 나갔다.

"자, 이제 지줏대를 세울 구멍을 파야 한다."

도구를 정리하시며 아버지가 팀에게 말씀하셨다.

팀은 친구 몇 명을 불러 곧 일에 착수했다. 잠시 후 지주가 세워졌고 정글짐의 구조물도 제 모습을 드러냈다. 팀은 이따금 오스카를 바라보았는데 그는 페인트를 칠하느라 정신이 없었다.

오후가 되자 모두들 다른 일을 하러 떠나 버리고 팀과 아버지, 그리고 오스카만이 남게 되었다. 팀은 아버지와 단풍나무 아래에 앉아 준비해 온 도시락을 펼쳐 놓고 오스카를 불렀다.

"오스카도 땅콩버터와 젤리가 발린 샌드위치를 좋아할지 모르겠어요."

오스카가 곁에 와서 앉자 팀이 아버지에게 걱정스러운듯 말했다. 하지만 오스카도 자기의 도시락을 준비해 왔다. 오스카는 풀밭 위에 종이 냅킨을 조심스레 펼쳐 놓고는 작은 지갑처럼 생긴 꾸러미가 몇 개 남겨져 있는 접시를 올려놓았다.

"야!" 눈을 크게 뜨며 팀이 외쳤다.

"타코스예요. 우리 마을 멕시코 식당에서 먹어본 적이 있어요. 정말 맛이 좋았었는데."

오스카는 타코스를 입으로 가져가다 말고 손을 멈추었다.

그는 먹으려던 타코스를 내려놓고 접시를 들어 그중 한 개를 팀에게 권했다.

"타코스, 좋아?"

"오스카." 그리고는 TV에서 방영된 영화에서 주워 들은 단어 하나를 기억해 냈다.

"그래시아스(스페인어로 고맙다는 인사말)." 팀은 답례로 입이 찢어져라 활짝 웃고 있는 오스카에게 샌드위치를 하나 주었다.

"그래시아스. 고마워."

"그래, 그렇게 배워 나가는 거야." 팀이 말했다.

식사를 마친 후 아버지는 팀에게 말씀하셨다. "어디 좀 다녀와야겠다. 나무 판자들 중 일부는 못 쓰니까 버려야 한다. 내가 돌아올 때까지는 한참 걸릴 거야. 계속 일할 수 있겠지, 팀? 사다리 만드는 일이 알맞겠구나. 설계도는 저기 저 목재 위에 있는 돌맹이 밑에 있다. 오스카에게도 뭔가 일을 시킬 수 있을 게다. 아마 네가 어떻게 하는지 가르쳐 주면 난간 널판지에 못질쯤은 할 수 있을 거야."

"알겠어요. 아버지, 다녀오세요. 자, 오스카 이리 와 봐."

팀은 대충 주위를 정리하고 정글짐을 제작하던 곳으로 뛰어갔다. 오스카도 팀의 뒤를 따랐다.

팀은 오스카가 쉽게 작업할 수 있도록 나무와 나사못을 펼쳐놓았다. 그는 2×4인치 목재 양끝에 구멍을 뚫고 볼트와 나사못으로 두 개의 목재를 서로 단단히 죄었다.

"자, 이번엔 네가 해 봐." 그는 오스카에게 드릴을 건네주었다. "어떻게 하는지 알겠지?"

오스카는 고개를 끄덕였다.

"씨이, 컴프렌도."

다른 작업을 위해 뒤돌아서 가는 팀에게 스페인어가 들려왔다. 팀은 사다리를 만들기 위해 준비해 둔 긴 목재와 가로 막대를 조립하기 시작했다.

"설계도 따위는 필요없어."

팀이 혼잣말로 중얼거렸다. "어렸을 적부터 사다리는 많이 만들어 봤다구!" 그는 망치와 기다란 못으로 작업을 해 나갔다. '아마, 멋진 사다리가 될 거야!'

팀은 두 기둥을 바닥에 나란히 눕혀 놓고 어느 정도의 간격을 두며 가로 막대에 못질을 하기 시작했다. 가로 막대 네 개쯤

완성했을 때, 갑자기 오스카의 드릴소리가 멎었다.

팀은 얼굴을 잔뜩 찌푸리고 서 있는 오스카를 발견했다. "무슨 일 있어, 오스카? 아주 일 잘하는데!"

오스카는 머리를 내젓고는 펄쩍 뛰어 팀의 곁으로 왔다. 그는 사다리를 가리켰다.

"안 돼, 안 돼! 노 에스 쎄구로. 히즐로 아씨."

팀이 오스카를 말릴 사이도 없이 그는 망치를 집어 들고 가로 막대에 박혀 있던 못을 빼내기 시작했다.

"야! 무슨 짓이야?" 팀이 소리치며 오스카의 손에서 망치를 빼앗아 들었다. 몇 마디의 스페인어가 다시 들려왔다. 오스카의 얼굴에 이젠 미소도 사라져 버렸다. 그는 뭔가 굳게 결심한 것처럼 보였다.

"노 에스 쎄구로!" 오스카가 다시 단호하게 소리쳤다. 팀이 계속해서 뚫어지게 쳐다보고만 있자 오스카가 달려가 설계도를 집어 들었다.

다시 팀에게로 온 오스카는 사다리의 모습이 그려진 부분을 손가락으로 가리켰다. "하즐로 아씨." 도면을 손가락으로 여기저기 지적하며 오스카는 또 스페인어로 뭐라고 말했다.

팀도 설계도를 살펴보았다.

"음, 그래! 설계도에는 사다리의 아래쪽이 넓게 그려져 있고, 가로 막대도 거기에 맞게끔 설치하게 되어 있구나! 내가 작업을 잘못했는 걸. 이 사실을 어떻게 알았지, 오스카?"

오스카는 대답 대신 톱을 번쩍 들었다. 팀의 어깨를 툭툭 가볍게 두드리며 오스카가 끌과 망치를 가리켰다.

오스카는 사다리 기둥 한 쪽에 두 군데의 톱자국을 내고는 팀에게 그 자국 사이를 끌과 망치로 파내라는 몸짓을 했다. 전혀 예상치 못했던 상황이 벌어졌지만 팀은 오스카가 시키는 대로 했다.

둘이서 마지막 가로 막대를 설치했을 때 아버지가 돌아오셨다.

"둘이서 손발이 척척 맞는구나."

놀라운 표정을 지으시며 아버지께서 말씀하셨다.

"오스카에게 이렇게 일을 가르쳤기에 이렇게 빨리 배웠지?"

"제가 오스카를 가르친 게 아니구요, 오스카가 저를 가르쳤어요." 팀이 설명했다.

"그거 재미있는데! 오스카가 어디서 목수일을 많이 배운 모양이구나. 가로 막대를 기둥 안쪽에 홈을 파서 설치하는 법과 바깥 쪽에는 못질을 하지 말아야 사다리가 튼튼하다는 걸 알고 있으니 말이다. 지난 두 달 동안 배웠을 리는 없고, 아무튼 기둥이 무게를 견디려면 가로 막대에 너무 못질을 해서는 안되겠다. 다른 설계도면도 다 고쳐야겠는걸."

"아버지. 오스카의 아버지도 아버지처럼 목수일을 잘 하실 것 같지 않아요? 아버지가 절 가르치신 것처럼 이 애도 자기 아버지에게서 배운 게 틀림없어요." 팀이 아버지와 오스카를 번갈아 바라보며 말했다.

"목수가 스페인어로 뭔지 가르쳐 줄래?"

팀이 이런 저런 몸짓을 하며 오스카에게 물었다.

"목수가 뭐지?"

"씨, 씨." 오스카가 알아들었다는 듯이 고개를 끄덕였다. "까르뻰떼로! 빠빠 까르뻰떼로! (아버지가 목수라는 뜻)"

그는 또 알아듣기 힘든 스페인어를 쏟아 내었다. 팀은 씩 웃고 말았다.

"알았다, 오스카. 너가 영어를 배운 후에 우리 이 얘기를 다시 하자꾸나. 아니면 내가 스페인어를 배우든지. 그래, 그게 좋겠다. 외국어를 배울 수 있는 아주 절호의 기회가 생겼는데!"

그는 자신의 팔을 가슴에 얹고 나서 그 손을 오스카에게 내밀었다. "친구." 팀이 이렇게 말하며 오스카의 손을 잡고 흔들었다.

오스카의 얼굴이 환하게 밝아졌다. "친구. 아미고. 캄프렌도?" "캄프렌도!" 팀도 스페인어로 대답하고 나서 아버지를 불렀다. "아버지! 확실한 선생님에게 스페인어를 배우고 있어요. 게다가 우리 오스카 선생님과 저는 아미고(친구) 사이라구요!"

"모든 일을 사랑으로 하십시오"
고린도전서 16장 14절

하나님,
제가 만나는 모든 사람들을
친절과 사랑으로 대하게 해 주세요.
우정의 나눔이 얼마나 중요한지
깨닫게 해 주세요.

케빈이 지킨 아버지의 유언

 베다니교회 중고등부 주보

⊙ 회원소식

마르시아는 지난 주 버지니아로 이사를 갔음.

도날드는 극기훈련 캠프에 참가.

케빈 매이슨 – 케빈의 소식을 기대하시라!

신문의 안쪽 면을 읽은 케빈은 큰 소리로 웃고 말았다.

케빈 매이슨- 뒷뜰 탁아소 원장님으로 취임.

그가 이것 때문에 놀림을 많이 받기는 했지만, 정말 그에게는 가치 있는 일이었다. 지난 일을 생각하는 케빈의 표정이 사뭇 진지해졌다.

"아버지를 의사 선생님께 모시고 갔었단다." 어머니께서 말씀하셨다.

"전부터 아버지의 건강이 별로 좋아보이지 않더니 의사 선생님께서 바로 입원을 하라시는구나."

떠날 준비를 하며 짐을 꾸리시던 아버지께서 케빈에게 몇 마디 당부를 하셨다.

"곧 돌아오마, 케빈. 내가 없는 동안 어머니와 웨슬리를 잘 보살펴야 한다." 그러나 아버지는 끝내 돌아오시지 않았다. 병원에서 돌아가시고 만 것이다.

장례식이 끝나자 어머니는 케빈에게 예전과 다름없이 지내야 한다고 말씀하셨지만, 아버지가 계실 때와 같을 수는 없었다. 케빈은 학교에서 신문 만드는 일과 농구 선수로 활동을 해 왔었다. 그러나 더 이상 학교 일과 신문제작상의 문제를 충고해 주실 아버지가 계시지 않았다. 그가 경기를 치룰 때마다 열광적으로 응원하시던 아버지의 모습도 더 이상 볼 수 없게 되었다.

주일 아침, 어머니와 함께 예배당에 앉아 있었지만 언제나 옆에 계시던 아버지의 자리는 텅 비어 있었다. 하지만 예배가 끝나자마자 유아실에서 뛰어나와 층계를 내려오며 "아빠! 아빠!" 하고 외치는 웨슬리의 모습은 여전했다.

케빈은 천국이 정말 있는지에 대해 확신이 없었지만, 어머니는 아버지가 천국에 올라가 하나님의 보살핌 속에 평안히 살고 계시리라는 것을 전혀 의심하지 않고 확고히 믿고 계셨다. 아버지가 돌아가시고 몇 주가 흐르는 동안 케빈의 마음을 계속 무겁게 만들고 있는 것이 있었다.

"어머니와 웨슬리를 잘 보살펴야 한다."라고 하시던 아버지의 마지막이 되어 버린 당부의 말씀이었다. 어머니는 그저 구김살 없이 즐겁게 지내기만 해도 당신에게 큰 힘이 될 것이라 말씀하셨지만 케빈은 아버지의 부탁을 외면하고 있는 것 같아 늘 마음이 무거웠다. 케빈은 정말 그 이상의 무엇인가를 하고 싶었다.

그러던 어느 날 저녁, 어머니는 직장에 나가게 되었다고 말씀하셨다. "아버지의 병환 때문에 무척 많은 돈이 들어갔단다.

제미슨 목사님이 교회에 서기직 하나가 비었다고 그 자리를 내가 맡았으면 하시더구나. 난 쾌히 승낙했어. 항상 나의 기도 제목이기도 했고. 교회는 걸어서 출근할 수 있는 거리니까 네가 등교한 후에 출근해도 되거든. 웨슬리도 교회 탁아소에서 즐겁게 지내며 날 기다릴 수 있을 거야. 너도 아무 걱정말고 하던 운동을 계속하도록 해라. 네가 집에 돌아오기 전에 꼭 집에 돌아와 있으마.

한 가지 문제가 있다면 3시부터 5시 반까지 웨슬리를 돌봐줄 사람을 구하는 일이야. 탁아소는 3시에 끝나는데 나는 5시가 넘어야 퇴근하거든. 우리 가엾은 웨슬리는 지금도 내가 없으면 겁을 집어먹고 울어버리지 뭐냐. 꼭 네 아버지처럼 날 걱정스럽게 찾는단다."

잠자리에 들면서 케빈은 아버지가 당부하신 말씀을 되새기며 그 말씀을 실천에 옮길 좋은 기회가 왔다고 생각했다. 웨슬리를 돌볼 수만 있다면! 하지만 그것은 곧 학교 신문사 일과 하고 있는 운동을(요즈음 한창 기록이 좋아지고 있던 터였다) 포기해야 한다는 것을 뜻한다. 친구들과 놀 수도 없다. 과연 그렇게 할 수 있을까? 그것도 매일 매일?

아침 식탁에서 케빈은 어머니께 보모를 구하지 말라고 말씀드렸다. 아주 적임자가 나타날 것이라고도 했다. 그는 그날 하루 종일 이 문제에 대해 곰곰히 생각해 보았다. 저녁에 그는 어머니께 "어머니, 웨슬리는 제가 돌볼게요. 수업이 끝나자마자 탁아소로 가서 웨슬리를 데려오겠어요. 어머니가 집에 오실 때까지 뒷마당에서 함께 놀아주면 되잖아요?"

"매일 그렇게 하겠다는 거냐? 네가 하고 싶은 것들을 아무것도 못하게 될텐데 그래도 괜찮겠니?"

"물론이예요." 케빈이 자신 있는 목소리로 대답했다.

"저도 이 문제를 정말 신중히 생각하고 결정한 거예요. 어머니도 웨슬리 때문에 걱정하지 않으셔도 되고, 웨슬리도 다른 사람과 지내는 것보다 훨씬 즐겁게 지낼 수 있잖아요? 게다가."

그는 약간 멋쩍은 미소를 씩 지어보이며, "돈도 훨씬 절약할 수 있구요."

"정말 대견스럽다, 케빈. 네가 모든 것을 신중하게 생각하고 결정했다 하니 그러면 함께 노력해 보기로 하자."

월요일 아침, 어머니는 첫 출근을 하셨고 동시에 케빈은 동생 웨슬리의 보모가 되었다. 하지만 하루하루 시간이 흐르면서 케빈은 이 일이 자신이 생각했던 것보다 훨씬 힘들다는 사실을 깨닫게 되었다.

공을 이리저리 굴려 주고 그네도 태워 주며, 모래성 쌓기에 무등 태워 주기, "형, 함께 놀자, 응?" 하는 웨슬리의 요구에 응해 주는 것 등등이 점점 진력나기 시작한 것이다.

그러던 중에 '웨슬리에게 함께 놀며 지낼 또래의 친구가 있으면 어떨까?' 하는 생각이 케빈의 머리를 스쳐 지나갔다.

그날 저녁, 케빈은 저녁 식사를 하며 어머니께 자신의 계획을 말씀드렸다. 어머니는 다음 날 아침 케빈이 작성한 광고문을 가지고 출근하셨고, 곧 교회 신문에 케빈의 광고가 실렸다.

성실한 보모임. 단 다섯 살 짜리 어린아이만 돌봄. 시간은 월~금요일까지 오후 3:30~5:30 근무. 교회 마당에서 즐거운 놀이와 함께 자상하게 돌보겠음. 관심있는 분은 861-2958 케빈 메이슨에게 연락 바람.

보모료는 시간당 1달러.

그의 계획은 적중해서, 케빈은 매일 두 명에서 세 명의 아이들을 돌보게 되었다. 이제 케빈은 감독관이 되어, 인형 하나를 두고 두 아이가 싸우면 화해시켜 주는 일, 무릎을 다치면 눈물을 닦아 주고 치료도 해 주는 일, 갑자기 엄마를 찾으면 이 얘기 저 얘기로 달래 주는 일들만 하면 되었다.

전처럼 따분하지도 않았고, 아이들은 대체로 자기들끼리 잘 어울려 놀아서 케빈은 남는 시간에 스케치를 하며 여가를 즐길 수도 있게 되었다.

어느 날 케빈은 그동안 아이들의 모습을 하나 하나 스케치한 것을 각자 자기 엄마한테 가져가서 보여 주도록 한 일이 있었다. 케빈은 그 전에 한번도 스케치를 해 본 적이 없었으며 그저 취미 삼아 그려보았을 뿐이었다. 그런데 자기 아이의 그림을 본 어느 아주머니가 케빈의 그림 솜씨가 뛰어난 것에 무척 경탄하며 화가인 친구에게 케빈을 소개시켜 주었다.

요즈음 케빈은 그 화가에게 그림을 배우고 있다. 그의 스케치북의 거의 절반이 그가 돌보는 아이들의 그림으로 채워지고 있었고 그 꼬마들은 모두 그의 친구가 되었다. 주일 아침이면 웨슬리와 그의 꼬마 친구들이 층계를 내려오며 "케빈 형, 케빈

형!" 하며 케빈을 반갑게 불러댄다.

이밖에도 또 하나의 커다란 즐거움이 있었으니 그것은 바로 첫 주가 지나고 어머니께 한주 동안 그가 벌어들인 13달러를 드릴 수 있게 된 것이다. 함께 은행에 가서 케빈과 어머니의 공동 계좌를 개설하면서 어머니는 이렇게 말씀하셨다.

"우린 이 통장의 공동 소유주야. 하지만 동업에는 서로 세심한 배려가 필요하단다. 아무튼 네가 웨슬리를 돌보는 일에 보람을 느끼는 것을 보니 내 마음이 이렇게 흐뭇할 수가 없구나! 예전처럼 다시 돌아간 기분이다. 아버지를 잊어서는 안 되겠지만 우리가 이렇게 열심히 살아가는 모습이야말로 진정 아버지가 바라시는 것이라 믿는다. 아버지도 널 무척 자랑스럽게 여기실거야, 케빈!"

그날 저녁 케빈은 아버지에 대해 곰곰이 생각하는 동안 항상 아버지가 늘 자기 바로 옆에 함께 계시다는 생각을 하게 되었다. 케빈은 이렇게 기도를 드렸다.

"아버지가 저에게 부탁하셨던 일을 제가 실천하게 하신 하나님께 감사드립니다. 이 일을 앞으로도 꾸준히 계속 해나갈 수 있도록 도와주세요. 예수님의 이름으로 기도드립니다. 아멘."

"많은 재산보다는 명예를 택하는 것이 낫고
은이나 금보다는 은총을 택하는 것이 낫다."
잠언 22장 1절

사랑하는 하나님,
자신의 임무에 충실할 때
새로운 기회가 주어진다는 사실을 깨닫게 하소서.
하나님 나라의 보물과 창조적인 가능성에
눈뜨게 하시는 주님,
정말 감사합니다.

믿음의 기초가 되는 것

"개를 훈련시켜서 말을 잘 듣게 만들든지 아니면 팔아버리든지 해야겠다!"

뷰피가 가지고 노는 바람에 다 해진 테니스화를 집어 들며 톰의 아버지가 이렇게 말씀하셨다. 잠시 후 아버지가 현관문을 닫고 출근하시는 소리가 들렸다.

"어떻게 하면 좋죠, 엄마?"

톰이 아침 식사를 하기 위해 식당에 들어서며 어머니에게 물었다. 그곳엔 쌍둥이 여동생들이 이미 식사를 하고 있었다.

"오빠! 오빠! 아침 밥!"

쥬디스와 제리가 숟가락으로 접시를 두드리며 소리를 질

렀다.

"쉿! 쥬디스, 제리! 밖에서는 소리를 질러도 되지만 식탁에서는 조용히 말해야 된다고 그랬지?" 어머니가 이렇게 타이르자 생김새도 똑같은 쥬디스와 제리는 동시에 고개를 끄덕였다.

"난 개를 훈련시켜 본 일이 없어서 잘 모르겠다. 톰."

어머니가 말씀하셨다. "하지만 저 쌍둥이들을 가르치는 것과 다를 게 없지 않을까?"

"하지만 저 애들은 말썽을 피운다고 해서 팔아버리지는 않을 것 아니예요?" 톰이 불만스러운 표정으로 중얼거렸다.

톰의 말에 어머니는 큰 소리로 유쾌하게 웃으셨다. "그건 그렇겠지. 하지만 아버지가 화나실 만도 해. 오후에 있을 테니스 경기에 신고 나가려 했던 신발인데 저렇게 되어 버렸으니 말이다. 뷰피가 저런 짓을 한 것이 벌써 두 번째 아니니? 학교에 가거든 친구들에게 좀 물어보렴. 너에게 도움이 될 만한 조언이 있을 거야."

그러나 학교에서 친구들에게 물어보았지만 하나같이 별 도움이 되지 못했다. "이런 저런 일을 시켜 보고 안 되면 두들겨 패라구!" 대충 이런 식의 대답뿐이었다. 하지만 톰은 자신이 뷰피를 때릴 수 없다는 사실을 잘 알고 있었다. 사랑하는 동물을 어떻게 때릴 수 있단 말인가?

토요일 아침이 되자, 톰이 다니는 교회의 학생부에서는 얼마 뒤에 있을 인디언 유적지 탐사의 경비를 마련하기 위해 폐지 모으기를 실시했다.

톰은 유년부를 담당하는 버튼 선생님을 만나기 위해 일찍 교회에 왔다. 버튼 선생님을 만난 톰은 자신의 고충을 털어놓았다.

"마침 좋은 기회가 있다는 걸 어떻게 알았지?"

무슨 비밀이라도 들킨 듯한 표정으로 선생님이 말씀하셨다. "오늘 아침 식사를 하며 내 동생에게 이 행사에 대한 이야기를 했더니 자기도 도와주겠다는 거야. 애완용 개를 훈련시켜 주고 그중 다섯 마리 분의 교습비를 우리들에게 기부하겠대. 이런 훈련을 가끔 실시하고 있는데 아주 잘 하지. '케니 애완견 훈련학교' 라고 이름을 붙이고 교회 체육관을 빌려서 시작하기로 했어. 다음 주 수요일 저녁부터 하기로 했으니까 생각해 보렴. 뷰피의 장난을 멈추게 할 수 있는 아주 좋은 기회일 것 같은데?"

"야! 정말 좋은 기회인데요?" 톰이 신이 나서 소리쳤다.

"저와 뷰피에게 꼭 필요한 훈련이에요. 어떻게 하면 훈련에 참가할 수 있죠?"

"지금까지 네 사람이 신청했는데, 아마 몇 명쯤 더 받을 거야."

"그럼 뷰피와 제가 다섯 번째로 신청하겠어요. 그리고 오늘 행사를 할 때 참석자들에게 광고를 하면 어떨까요?" 톰이 말했다.

"아주 좋은 생각이구나, 톰!"

행사가 시작되자 버튼 선생님은 모여든 아이들에게 '케니 애완견 훈련학교'에 대해 설명해 주었다. 훈련 실시의 취지를 듣고 난 아이들은 모두 찬성의 뜻을 표시했고, 주위 사람들에게 전해 주겠다고 이구동성으로 말했다. 행사가 끝나자 훈련 신청자는 다섯 명이 더 늘었고, 모금액도 62달러에 이르렀다.

수요일 저녁이 되자 톰은 아버지의 차를 타고 뷰피와 함께 체육관에 도착했다.

"잘 하거라. 톰!" 아버지가 격려해 주셨다. "자, 뷰피. 너도 말 잘 듣고! 한 시간 뒤에 다시 오마." 뷰피의 머리를 쓰다듬으

만약 신실한 믿음으로 율법과 주님의 계율을 따르고 실천하면 그런 것들이 전혀 계율이라 여겨지지가 않고 마치 우리 생활의 일상적인 한 부분이라 느껴지게 된단다.

시며 말씀하시고는 차를 몰고 집으로 돌아가셨다.

톰은 훈련에 참가한 사람들에게로 갔다. 모인 사람들은 자신의 개를 데리고 중앙에 그려진 원 둘레에 놓아둔 의자로 가서 앉으라는 지시를 받았다.

소개를 받은 존이라고 하는 선생님의 동생이 참석한 사람들을 향해 이렇게 말했다.

"개를 데리고 함께 원을 따라 걸으세요. 앞뒤 사람들과 일정한 간격을 두되 너무 가까이 걷지 말아야 합니다. 제가 돌아다니면서 여러분 각자에게 훈련요령을 알려드리겠습니다."

조련사인 존의 말이 끝나자 모두 자리에서 일어나 걷기 시작했다. 톰과 뷰피도 원을 따라 천천히 조심스럽게 걸어갔다.

존은 돌아다니며 각각의 개의 특성에 따라 복종시키는 방법과 인내와 온순을 가르치는 가장 좋은 법을 가르쳐 주었다. 존의 교습에 따라 사람들은 자신들의 개를 향해 연신 "앉아, 일어서!"를 외치며 훈련에 몰두했다.

"실망하지 말아야 합니다." 첫 번째 훈련이 끝나자 조련사가 말했다.

"인내를 가지고 다음주 수요일에 다시 모일 때까지 꾸준하게 연습시키세요. 그럼 오늘은 이만 마치겠습니다."

밖으로 나오니 아버지께서 벌써 오셔서 기다리고 계셨다. 차에 오르자 뷰피는 톰의 무릎에 몸을 파묻고 이내 잠들어 버렸다. 체육관에서의 훈련이 무척이나 힘이 들었던 게 틀림없었다.

"엄마가 아이스크림을 만들어 두었다. 모두들 뷰피의 훈련에 대해 듣고 싶어 기다리고 있단다." 집을 향해 달리는 차 안에서 아버지가 말씀하셨다.

집에 도착하자 톰은 가족들에게 뷰피가 배운 것을 보여 주고 싶었다. 그러나 톰의 기대는 산산이 부서지고 말았다. 앞발을 들어올리는 동작은 둘째치고 앉으라는 톰의 지시에도 뷰피는 아무런 반응을 보이지 않았다. 대신에 이리저리 돌아다니며 집에 다시 돌아와 이제 자유로워진 것이 마냥 즐겁다는 모습이었다.

"꼭 너를 놀리려고 저러는 모양이다, 톰!"

뷰피의 행동을 보신 어머니께서 실망스러운 목소리로 말씀하셨다.

"보기에는 저래도 앞으로 훈련을 받으면 분명 나아질 게다."

아버지는 톰을 위로하시려는지 뷰피를 두둔해 주셨다.

"다시 한번 조용히 명령해 보렴. 뷰피에게도 배운 것을 기억할 시간을 주어야지."

"봐라!" 아버지가 놀라운 표정으로 소리치며 뷰피를 가리켰다. 아버지의 손가락이 가리키는 곳에 뷰피가 가만히 앉아 톰을 쳐다보고 있었다.

"이리와, 뷰피!"

톰이 지시하자 뷰피는 톰의 팔을 향해 뛰어올랐다.

"그래! 정말 잘하는구나, 뷰피!"

톰이 감동스러운 표정을 지으며 말했다.

"너의 오늘 첫 훈련에 100점을 주겠어!"

제리가 갑자기 큰소리로 외쳤다.

"쉿! 제리, 집에서 큰소리치면 안 돼! 밖에 나가서 해!"

쥬디스가 어른이나 된 것처럼 말했다.

"맞아, 집에서는 안 되지."

제리가 대답했다.

"너희 둘에게도 100점을 줘야겠구나."

어머니께서 활짝 웃으시며 두 여동생의 볼에 뽀뽀를 해 주시고는 침실로 데리고 가셨다.

"이젠 저 애들도 다 큰 것 같아요."

어머니를 따라 침실로 가는 동생들을 바라보며 톰이 말했다.

"그래, 우리들 모두에게는 훈계가 필요해. 하지만 동물과 사람은 달라. 우리는 왜 규칙을 배워야 하며 어떻게 행동해야 하는지 깨달을 수 있지만 동물들은 그저 복종만 할 뿐이야. 엄마가 동생들을 훈계할 때 어떻게 하는지 잘 기억해 보렴. '식탁에서는 조용한 말로 이야기해야 한다.' 이렇게 하지 않니? 다시 말하면, 왜 조용히 해야 하는지 그 이유를 설명해 준다는 거야. 사람들에게는 적절한 규칙이 함께 살아가는 사람들과의 관계를 왜 즐겁게 하는지, 또 관계를 더욱 발전시키는지를 깨달을 수 있고, 우리를 향한 하나님의 뜻을 분별할 수 있기 때문에 사람을 만물의 영장이라고 부르는 거란다."

"이를테면 십계명 같은 것 말씀이시죠?"

"그렇지. 십계명뿐만 아니라 그 밖에 주님이 우리들에게 명령하신 것들도 해당된단다."

"그 대표적인 것이 '네 이웃을 사랑하라'는 말씀이지요?"

"맞다. 그러나 계율이란 아주 기본적인 거란다. 우리들의 영적인 성장의 밑거름이 되는 거지. 만약 신실한 믿음으로 율법과 주님의 계율을 따르고 실천하면 그런 것들이 전혀 계율이라 여겨지지가 않고 마치 우리 생활의 일상적인 한 부분이라 느껴지게 된단다. 이러한 생활은 사도라 불렸던 사람들의 발자취를 따라가게 하지. 그렇게 되면 우리 모두는 주님이 원하시는 모습으로 자신들을 만들어나갈 수 있게 된단다."

"서로 사랑하기를 계속하십시오."

히브리서 13장 1절

사랑하는 하나님!
당신의 계율을 배우고 깨닫게 하사
하나님께 사랑 받을 만한 사람으로 만들어 주세요.
제가 당신의 계율을 망각할 때면
불쌍히 여기시고
다시 깨달아서 지켜나갈 수 있게 도와주세요.

유혹을 이기는 힘이 되시사!

사진 잡지의 페이지를 넘기며 필은 연신 손가락으로 잡지에 실린 사진들을 톡톡 치고 있었다. "이리 와 봐, 케니. 이것 좀 봐!" 부엌에 있던 필의 동생이 방으로 달려 들어와 방바닥에 엎드려 있는 필 곁에 앉았다.

"사진 경연대회!" 필이 잡지에 실린 기사를 읽기 시작했다. "본사에서는 사진작가를 지망하는 청소년들을 위해 사진 경연대회를 개최합니다. 최우수작으로 선정된 작품은 본 잡지의 표지 사진으로 실리며 부상으로는…"

여기까지 읽어 내려간 필은 나머지 글을 대충 얼버무려 읽어버린 후 "백 달러면 적은 돈이 아니지?" 하고 동생에게 동의를 구했다.

케니는 형의 등을 가볍게 두드려 주었다. "형이라면 상을 탈 수 있을 거야. 암 타고 말고. 형의 사진 솜씨가 요즈음 계속 좋아지고 있잖아? 넬슨 아저씨도 그렇게 인정하셨고 말이야. 게다가 그 아저씨는 아주 실력 있는 사진작가잖아."

"고맙다. 너도 사진 솜씨가 좋긴 한데 아직 나이가 미달이야." 필이 열세 살의 격에 맞지 않는 무게를 잡으며 이렇게 말했다. 그는 혼자서 중얼거리며 제대로 읽지 않은 부분을 계속 읽어 내려갔다.

"사진은 흑백으로 8×10 크기로 인화하여… 참가자들은 한 장의 사진만 제출이 가능… 마감일은…."

갑자기 들려온 자동차 경적소리에 잡지를 읽는 것이 중단되었다. "날 태우러 왔나 봐! 나중에 보자, 케니."

필은 사진기를 집어 들고 급히 뛰어나갔다.

"아버지, 다녀오겠습니다!"

차를 몰고 온 넬슨 아저씨와 함께 이야기를 나누고 계시던 아버지께 인사를 하고 차에 올라탔다. "세 시쯤 돌아오겠어요!" 차에는 이미 네 명의 소년들이 있었고, 필은 그 옆에 자리를 잡았다.

필은 한 주 내내 바로 오늘을 기다려 왔던 것이다. 이 마을 소년단장이며 카메라 가게를 경영하고 있는 넬슨 아저씨가 사진찍기에 푹 빠져 있는 아이들 몇 명과 함께 동물원에 사진찍으러 가기로 약속했기 때문이었다.

차 안에서 필은 친구들에게 사진 경연대회에 대하여 떠들어댔고 동물원에 도착할 때까지 그들 사이에서는 이것이 주요 화젯거리가 되었다.

"너희들 분명히 이 동물원에서 좋은 출품작을 찍을 수 있을 게다." 주차장으로 들어서며 넬슨 아저씨가 이렇게 맞장구를 쳐 주었다.

"맞아요!" 필이 동의했다. "사람들은 누구나 동물 사진을 좋아하죠."

사진기를 목에 걸고 사진기 렌즈 뚜껑을 벗기면서 필은 사자의 으르렁거리는 모습이나 발을 하늘로 쳐들고 구르는 아주 흥미로운 모습들을 사진에 담아야겠다고 마음먹었다.

그는 곧장 사자 우리로 향했는데, 그곳에는 이미 두 명의 친구들이 사진을 찍고 있었다. 그들은 자연스럽게 사진기의 셔터 속도와 조리개를 조절해 가며 거대한 바위에서 일광욕을 즐기고 있는 숫사자를 향해 연신 셔터를 눌러대고 있었다.

이 숫사자가 더 이상 꼬마 사진작가들을 위해 포즈를 취해 줄 것 같지가 않자, 필은 기린을 향해 발걸음을 옮겼다. 한참을 기다린 끝에 필은 아기 기린을 핥고 있던 어미 기린과, 이리저리 뛰어다니며 아기 기린과 놀고 있는 아빠 기린의 모습을 사진에 담을 수 있었다.

"저곳에 가면 뭔가 특별한 작품을 얻을 수 있을 것 같은데!" 필은 이곳저곳을 옮겨 다닐 때마다 이렇게 혼잣말을 되풀이하곤 했다.

사진을 찍는 취미에 있어서 필이 갖는 가장 큰 즐거움 중에 하나는 찍어둔 필름을 현상했을 때 사진에 나타난 아름다움을 감상하는 일이었다.

낮잠을 즐기고 있는 호랑이의 모습과 낙타의 큼직하게 확대된 얼굴을 필름에 담고 나자 필은 좀더 흥미로운 순간을 촬영하기 위해 주위를 두리번거리다가 휴게소 근처 모퉁이에 있는 원숭이 우리를 발견하고는 눈이 번쩍 뜨였다. 원숭이들은 언제나 사진을 찍기에 재미있는 장면을 연출한다. 그런데 그때 사진기에 필름을 새로 갈아 넣어야만 했다.

나무 그늘 아래 휴게소 벤치에 앉아 필름을 넣으려고 허리를 구부리던 필은 발끝에 뭔가 딱딱한 것이 부딪치는 느낌이 들었다. 바닥을 내려다보니 누군가가 잃어버린 흑백 필름 한 통이 굴러다니고 있었다. '함께 온 친구들 중에 누군가가 잃어버린 모양이군!' 이렇게 생각한 필은 별 생각 없이 그것을 자신의 필름과 함께 주머니에 집어넣었다.

"집으로 돌아갈 때 물어봐야겠군."

일정은 예상보다 일찍 끝났고, 필을 포함한 소년들은 모두 차에 올랐다. 하지만 어느 누구도 필이 발견한 필름에 대해 물어보거나 관심을 갖는 사람은 없었다. 필 역시 필름을 주머니에 넣어둔 채, 집에 도착하면 바로 시작할 일들에 대해 생각하느라 그 일을 까맣게 잊어버리고 있었다.

저녁 먹기 전까지 찍어둔 필름을 모두 현상할 수 있을 것 같았다. 필의 가슴은 다시 뛰기 시작했다. 경연대회에서 우승을 차지할 만한 작품을 얻을 수 있을까? 정말 꼭 우승을 차지하고 싶었다. 왜냐 하면 필은 상금으로 받게 될 백 달러로 무엇을 할 것인지 이미 계획을 세워 두었기 때문이다.

동물원에 갔다 온 일에 대한 식구들의 질문 공세를 겨우 진정시키고 난 필은 지하실에 있는 자신의 암실로 재빨리 내려갔다. 자켓을 벽에 걸고 주머니에서 필름을 꺼내던 필의 손에 휴게소 벤치 밑에서 주웠던 필름이 잡힌 것은 그때였다.

필은 그 필름을 탁자 위에 올려놓았다. 그는 필름을 잃어버린 친구의 마음을 헤아려야만 했다. 비록 그 애의 실수이기는 했지만.

필은 캐비넷을 열어 검은색 필름 교환통을 꺼내서 사진현상의 첫 단계로 그 통 속에 그가 찍은 필름을 풀어 되감았다. 작업을 하던 그의 눈이 탁자 위에 놓여 있던 그 필름을 향해 멈췄다.

'저것을 어떻게 한담?' 그는 고민에 빠졌다. 주인을 찾을 방법이 없을 것만 같았다. 그의 교환통은 한번에 두 통쯤의 필름은 감아올릴 수 있었다. '못할 게 뭐냐?'는 생각에 필은 그 필름도 함께 현상하기 시작했다.

필은 사진의 원판에 약품처리를 하면서 머릿속으로는 상금을 타면 무엇을 할 것인가를 생각하며 휘파람을 불었다. "상금을 타면 아버지께 다목적 전기드릴을 사 드려야지. 언제나 그

것을 갖고 싶어 하셨지."

필의 아버지는 차고를 개조해서 수리 센타를 하고 계셨다. 집이나 건물을 수리하는 것이 전문이었는데, 필이 어렸을 때 아버지는 그와 동생을 위해 작은 짐마차를 만들어 주신 적도 있고 작년 여름에는 멋진 통나무집도 만들어 주셨다. 그런 아버지였지만 언제나 입버릇처럼 다목적 전기드릴이 있으면 작업이 훨씬 쉬워질 거라고 말씀하시곤 했다.

아버지를 도와드리겠다는 생각을 하자 필은 자신이 하고 있는 작업이 훨씬 중요하게 느껴지기 시작했고 좀 어른이 된 듯한 기분도 들었다.

그는 다 말린 원판 필름들을 불빛에 비춰보았다. 사진에 실린 기린의 모습은 정말 예뻤다. 주인을 알 수 없는 그 필름 역시 동물을 찍은 사진이었는데 필은 그 사진과 자신의 사진을 비교해 보았을 때 그 필름의 사진이 월등히 뛰어나다는 사실을 인정하지 않을 수 없었다.

풀장에서 목만 내놓고 물 속에 몸을 담구고 있는 호랑이의 모습을 보며 필은 큰 소리로 웃었다. 누구인지 알 수 없는 이 사진의 주인은 극도의 만족감이 서려 있는 호랑이의 얼굴 표정을 포착했던 것이다.

　사진이 완성되자 필은 두 사진을 냉철하게 비교해 보았다. 자신이 찍은 어미 기린이 아기 기린을 핥아 주고 있는 사진도 명암이 뚜렷한 좋은 작품이었지만 그 작자 미상의 사진은 너무나 뛰어나 경연대회에 나가면 틀림없이 일등을 차지할 거라는 사실을 필은 질투 어린 마음으로 인정해야만 했다.

　그 작가는 자기가 찍은 사진을 보는 이로 하여금 많은 것이 느껴지도록 전달했고 사진에 생명력을 불어넣고 있었던 것이다. 그도 이런 사진을 얼마나 찍고자 했던가? 사진 속의 호랑이의 모습은 정말 완벽했다. 물 속에 몸을 담그고 있는 호랑이를 바라보며 필의 마음속에 어떤 변화가 일기 시작했다.

　이 사진을 사진 경연대회에 출품하면 어떨까? 모두들 필이 찍은 사진이라고 믿을 것이다. 세상에서 단 한 사람만이 이 사진은 필의 사진이 아니라는 사실을 알고 있을 뿐이다. 하지만 그것도 확실한 증거가 없지 않은가? 필은 사진을 집어 들었다. 그는 마음이 또 변하기 전에 참가신청서를 작성하고 사진을 잡지사로 우송할 준비를 갖추었다. 이제 월요일 등교하는 길에 우체통에 집어 넣기만 하면 된다. 몇 주 후에 아버지가 놀라실 모습이 빨리 보고 싶었다.

필은 저녁 식사를 먹는 둥 마는 둥 했으나 식구들은 아무도 눈치채지 못했다. 식구들은 모두 케니의 자연 포스터에 사진을 골라주느라 여념이 없었다.

같은 반 다른 친구들은 모두 그림을 그렸지만 유독 케니만은 사진을 이용해도 좋다는 허락을 받아냈던 것이다.

"정말 생동감 넘치는 작품이 될 게다."

케니의 선생님은 이렇게 말씀해 주셨다.

필은 숙제를 하기 시작했다. 케니에게 연습장을 빌리러 들어온 필은 케니의 책상 위에 놓여 있는 포스터를 보고 입을 쩍 벌리고 말았다. '초식 동물'이라는 제목으로 가운데 떡 하니 붙여놓은 사진은 다름아닌 필의 그 기린 사진이었다.

"케니!" 필이 화가 나서 소리쳤다.

"너 무슨 생각으로 내 허락도 없이 그 사진을 네 것처럼 이용하는 거냐?"

케니는 마른침을 삼키고 나서 이렇게 변명을 했다. "형이 괜찮다고 생각할 줄 알았어. 그리고 사실 가족들이 이 사진을 골라 준 거야. 포스터를 잘 만들려면 야생 동물의 사진이 필요

했는데, 내가 가지고 있는 사진 중엔 그런 사진이 없잖아. 형, 괜찮지. 그렇지?"

"아니, 괜찮지 않아! 이건 정직하지 못한 짓이라구!" 필은 화가 난 표정으로 붙어 있는 사진을 뜯어내서는 문을 쾅 닫고 자기 방으로 돌아왔다.

그는 그 사진을 손에 든 채 한참 동안 멍하니 앉아있었다. 왜 그렇게 동생에게 화를 냈을까? 자신도 그와 똑같은 일을 하려 하지 않았던가? 이런 짓이 옳지 못하다는 걸 자신은 몰랐다는 말인가?

필은 손가락으로 책상을 두드리며 계속 생각에 잠겼다. 마침내 그는 조용히 일어나 암실로 내려갔다. 소포 꾸러미를 뜯어낸 필은 호랑이 사진을 끄집어내고 대신 기린 사진을 집어넣었다. 그리 뛰어난 작품은 아니었지만, 어쨌든 그 사진은 자신이 직접 찍은 사진이었다. 이 작품이 비록 일등상은 못 탄다 할지라도 나머지 상 중 하나 정도는 탈 수 있을 것이다.

호랑이 사진을 집어든 채 필은 눈을 꼭 감았다.

"너무 늦기 전에 제 마음을 돌려놓으신 하나님께 감사드립니다."

필은 그 사진을 문에 걸려있는 편지꽂이에 꽂아 두었다. 잘못을 저지르기가 얼마나 쉬우며 또 하나님은 어떻게 우리를 죄악 가운데에서 건져내시는가를 필의 마음속에 일깨우기 위해 그 사진은 언제까지나 그렇게 꽂혀 있을 것이다.

> "여러분은 사람이 흔히 겪는 시련밖에 다른 시련을 당한 적이 없습니다. 하나님은 신실하십니다. 여러분이 감당할 수 있는 능력 이상으로 시련을 겪는 것을 하나님은 허락하지 않으십니다. 하나님께서는 시련과 함께 그것을 벗어날 길도 마련해 주셔서 여러분이 그 시련을 견뎌 낼 수 있게 해 주십니다."
>
> 고린도전서 10장 13절

제가 유혹에 빠질 때마다 그곳에 함께 계셔서 힘을 주시는 주님을 찬양합니다.

모두가 귀한 피조물

"야! 빈스, 찰리!"

자전거를 탄 두 명의 소년이 다가오자 레이몬드가 그들에게 소리쳤다.

"나 말이야, 소방서에 있는 전망대를 타고 내려와 봤다!"

찰리는 연신 골목길을 오르내리며 신문을 배달하고 있었고, 빈스는 한 발을 땅에 디딘 채 무거워 보이는 신문 뭉치를 이리저리 옮겨가며 찰리를 도와주고 있었다.

"언제 그런 걸 타 봤니?"

"어제, 아니 지난 주였던가? 우리 반 전체가 소방서를 견학했었거든. 소방대원 아저씨들이 쓰는 모자도 써 보고 불자동

차도 타 봤지!"

"야, 그거 대단한데!"

"너희들 나하고 놀지 않을래? 술래잡기나 마녀놀이도 하면서 말이야."

"지금은 안 돼, 레이몬드. 찰리와 난 신문을 마저 배달해야 한다구."

"그럼 나중에 올래? 소방서에서 본 신기하고 멋진 것들에 대해 이야기해 줄게."

"신문 배달이 끝나면 저녁 식사하러 가야 돼. 내일 함께 놀자. 안녕!"

"바보같은 녀석!" 자전거에 다시 올라 거리를 내려가며 찰리가 말했다.

"날짜도 제대로 기억을 못한단 말이야? 특수 학교에 보내야겠군."

"레이몬드에게 그러지 마, 찰. 그 앤 널 좋아한다구. 그리고 난 레이몬드와 이야기하는 것이 즐거워. 항상 유쾌해 보이거든!"

레이몬드는 친구들이 사라질 때까지 지켜보고 있다가 골목

길을 뛰어서 집으로 돌아왔다.

"지금 몇 시쯤 됐어요, 엄마?"

현관문을 열며 어머니께 물어보았다.

"네 시가 다 되었구나."

"오늘이 수요일 맞죠?"

"그래."

"야, 신난다!"

레이몬드는 그의 무선기를 집어 들고 밖으로 뛰어나갔다. 스위치를 누른 다음 그는 스피커에 대고 말했다.

"붉은 여우! 붉은 여우! 여기는 좋은 친구! 내 말 들리는가? 응답하라! 응답하라! 붉은여우! 여기는 좋은 친구!"

그는 송신기의 스위치를 풀고 응답을 기다렸다. 침묵이 흘렀다. 잠시 후 치지직 하는 응답음과 함께 말소리가 들려왔다.

"안녕, 좋은 친구. 여기는 붉은 여우. 나에게 무선 연락하는 걸 잊지 않았구나?"

"그럼요. 매주 수요일 4시에 꼭 하라고 하셨잖아요? 사정이 허락하면 소방서 무전기 주파수를 14에 맞추어 두겠다고 약속했었죠. 어떻게 잊을 수가 있어요?"

"잘했다. 지난 번 소방서 방문은 재미있었니?"

"그럼요!"

"넌 몇 살이지, 레이몬드?"

"잘 모르겠지만 아마 열세 살쯤 되었을 거예요. 전 친구 빈스와 키가 비슷한데 그 애가 열세 살이거든요. 열세 살이 틀림없어요."

"학교에서는 어떤 책을 즐겨 읽지?"

"그리스 로마 신화가 최고예요. 그런데 왜 물으시는 거죠?"

"네가 좋아할 만한 책을 알고 있단다. 진화 작업에 관한 책인데, 언제 시간이 있으면 집에 들러서 전해 주마."

"아저씨는 정말 좋은 분이시군요."

"이제 무전기를 꺼야 할 시간이 되었구나, 좋은 친구. 그럼 다음 수요일에 또 이야기하자. 수요일이 언제인지 알고 있겠지?"

"그럼요. 텔레비전에서 '미확인 유성들'이라는 프로를 방영하는 날이지요. 여기는 좋은 친구, 안녕!"

다음 수요일에 공교롭게도 레이몬드는 어머니와 엘렌 이모님 댁을 방문하게 되었다. 레이몬드는 이모에게 자랑하기 위해 무선기를 가지고 갔다.

집에 돌아오는 길에 레이몬드는 계속해서 어머니께 몇 시쯤 되었느냐고 물어보았다. 팀 아저씨와 무선기로 만나는 시간을 기다리느라 안달이 날 지경이었다. 마침내 어머니는 화를 내셨다.

"레이몬드! 지금 4시 15분 전이야. 4시가 되면 알아서 알려줄테니 제발 시간 좀 그만 묻거라!"

집에 도착하자 현관문 앞에서 어머니는 지갑을 열고 열쇠를 찾으셨다.

"여기에 넣어둔 것 같은데…" 지갑에 열쇠가 없는 모양이었다. "엘렌 이모네 식탁 위에 두고 온 게 틀림없구나. 다시 갔다와야겠다."

"전 팀 아저씨와 무선 연락을 해야 되는데요. 엘렌 이모의 집은 너무 멀어서 주파수가 잘 잡히지 않는다구요."

레이몬드는 애원하듯 말했다. "전 집에 남아 있을게요."

"안 돼! 그건 너무…"

그때 뒤에서 레이몬드를 도와줄 목소리가 들려왔다.

"제가 도와드릴까요? 안녕, 레이몬드!"

어머니가 뒤를 돌아보고 그에게 인사를 했다.

"어머, 빈스구나. 내가 돌아올 때까지 레이몬드와 함께 있어 주겠다면 안심이 되겠구나. 동생 집에 열쇠를 두고 왔지 뭐냐. 낮에는 이 동네에 사람이 한 사람도 없어요. 다들 직장에 나가지. 그래서 전화도 못하거든. 아마 20분쯤 걸릴 게다."

"걱정마세요, 아주머니. 천천히 다녀오세요. 레이몬드와 전 술래잡기하면서 놀고 있을게요."

레이몬드의 어머니는 서둘러 떠나셨다. 레이몬드는 어머니가 집을 나서자 빈스와 술래잡기를 하기 위해 뒷마당 쪽으로 뛰어갔다. 그는 뒷쪽 안뜰 옆에 서 있는 커다란 상록수의 우거진 가지 사이가 몸을 숨기기에 안성맞춤이라는 걸 잘 알고 있었다.

뒷뜰로 뛰어가던 레이몬드는 갑자기 그 자리에 멈추고 말았다. 술래가 된 빈스를 피해 몸을 숨기려다가 옆집의 현관문 안쪽을 보게 되었는데 그곳에 연기가 자욱하게 차 있는 것이 보였다. 갈라진 창문 틈으로 시커먼 연기가 새어나오고 있었다. 집 안쪽을 들여다 보니 레이몬드의 눈에 침실 쪽으로부터 시뻘건 깃발 같은 것이 넘실대는 것이 들어왔다.

"꼭꼭 숨어라, 머리카락 보인다! 레이몬드 준비됐지?"

빈스의 목소리가 들려왔다. 빈스는 레이몬드를 찾기 위해 집을 한바퀴 돌다가 멍하니 서 있는 레이몬드를 발견했다.

"이게 뭐지, 빈스?"

바라보고 있던 현관을 손으로 가리키며 레이몬드가 말했다.

"뭔지 무척 신기해 보이지?"

"이런 세상에! 그건 집에 불이 난 거라구. 무슨 조치를 취해야겠다, 레이몬드. 저 집에 아무도 없다고 했지. 어디 사람 있는 집이 없을까?"

레이몬드는 고개를 내저었다.

"그렇다면 빨리 우리 집에 가서 화재경보를 울려야겠어. 자, 뛰어가야 돼. 우리 집까지는 무척 멀어."

레이몬드가 갑자기 뒤로 물러섰다.

"잠깐만 기다려, 빈스." 무선기를 집어들며 그가 말했.

"지금 몇 시나 됐지?"

"지금 몇 시인지가 문제야? 빨리 가자구!"

그러나 레이몬드는 신고하러 갈 생각은 않고 빈스의 소매깃을 잡아당겼다.

"만약 지금이 네 시라면 소방대원 아저씨와 무선기로 연락을 할 수 있어. 그 아저씨라면 이럴 때 어떻게 해야할지 잘 알고 계실 거야."

빈스의 눈이 놀라움으로 큼직해졌다.

"레이몬드, 정말 기가 막힌데! 내가 생각했던 대로 역시 넌 그렇게 둔한 아이가 아니야. 그 아저씨께 빨리 연락해 보자. 지금 막 네 시가 지났어. 아저씨와 연락될 수 있도록 기도해야겠구나. 자! 시간이 없다구!"

레이몬드는 무선기 송신 스위치를 눌렀다. 빈스는 숨을 죽이고 무선기가 작동하는 것을 지켜보았다. 마침내 붉은 여우로부터 응답이 왔다.

"너희 둘은 한쪽 옆으로 비켜서 안전한 곳에 있거라. 주위에 있는 집에 들어가서는 안 된다."

레이몬드의 신고를 받은 팀 아저씨가 이렇게 알려 주셨다.

"지금 화재 경보를 울렸다. 잠시 후에 만나자!"

두 소년은 잠시 후 사이렌 소리를 들을 수 있었으며 커다랗고 붉은 소방차가 숨 가쁘게 도착하는 것이 보였다. 소방대장이 탄 차도 현장에 나타났다.

팀 아저씨는 호루라기를 불며 진화 작업을 지시하기 시작했다. 나머지 대원들은 그의 지시에 따라 장비를 갖추고 불이 난 집의 뒤뜰로 달려갔다.

레이몬드와 빈스는 레이몬드의 집 뒤뜰 안전한 곳에서 진화 작업을 지켜 보았다. 소방 대원들은 침착하게 그리고 적절하게 화재를 진압해 나갔다.

레이몬드와 눈이 마주친 팀 아저씨가 손을 흔들어 주었다.

"고맙다, 좋은 친구!"

불이 거의 다 꺼져갈 무렵에 어머니가 돌아오셨다. 어머니는 곧바로 불이 난 집 주인의 직장에 전화를 걸어 화재 사실을 알려 주었다.

다음 날 오후, 레이몬드와 빈스는 레이몬드 집 계단에 앉아 찰리에게 어제 있었던 무용담을 이야기하고 있었다. 그런데 갑자기 묵직한 트럭의 크랙션 소리가 들려오더니 큰 길로 소방차 한 대가 달려오는 것이 보였다.

"좀 이상한데!"

빈스가 말했다. "이건 싸이렌 소리가 아니잖아? 불이 나서 가는 게 아닌 모양이야!"

그 소방차는 곧장 언덕길을 올라오더니 이 세 명의 소년 앞에 멈추어 섰다. 운전석에서 팀 아저씨가 환하게 웃으며 내리시더니 레이몬드에게 다가왔다.

"안녕, 좋은 친구!"

그때 사이렌 소리에 놀라 밖으로 뛰어나오신 어머니를 보고는 팀 아저씨와 함께 온 동료 소방 대원들도 차에서 뛰어내렸다.

"너에게 전달할 것이 있어서 왔다."

안주머니에서 빳빳한 종이 한 장을 꺼내시며 팀 아저씨가 말했다. 무슨 상장인 듯한 그 종이를 손으로 받쳐들고 거기에 적혀 있는 것을 읽어 내려가기 시작했다.

"표창장! 성명 레이몬드 브라운. 위 사람은 6월 6일에 일어났던 화재를 발견, 신속하고도 적절하게 소방서에 연락, 소방대원들로 하여금 화재를 조기에 진압, 재산 피해를 최소화하게 하는 데에 공로가 크므로 이 상장을 줌. 레이몬드 브라운에게 시의회가 선정하는 용감한 시민 칭호도 함께 부여함. 코테스빌 시장 제임스 브레들리."

상장이 레이몬드에게 전달되자 함께 온 소방대원들이 일제히 박수를 쳤다.

"이게 무슨 뜻이죠?" 팀 아저씨가 악수를 하자 레이몬드는 어리둥절해서 물었다.

"네가 영웅이 되었다는 말이야!" 레이몬드의 등을 두드리며 찰리가 대신 대답해 주었다. "넌 이제 이 시에서 중요한 인물이 된 거라구."

레이몬드는 팀 아저씨를 바라보았다.

"제가 정말 중요한 사람이 되었나요?"

"그럼, 당연하지. 좋은 친구!"

팀 아저씨는 엄숙하게 대답하고는 다시 운전석에 뛰어올라 소방차와 함께 멀리 사라져갔다.

> "하나님께서 지으신 것은 모두 다 좋은 것이요, 감사하는 마음으로 받으면 버릴 것이 하나도 없습니다. 모든 것은 하나님의 말씀과 기도로 거룩해집니다."
>
> 디모데전서 4장 4~5절

하나님!
당신이 우리에게 보내신 모든 사람들을
존중하게 여길 수 있게 하시고
당신의 나라에서는 모두가
귀한 피조물임을 깨닫게 하소서.

오리들을 위한 모금 운동

 어니는 신문 가방에서 빵 부스러기가 든 꾸러미를 꺼내 들고 도시를 가로지르는 잔디가 무성한 운하의 제방을 가로질러 걸어갔다. 흐르는 물줄기 바로 곁에 머리가 희끗한 노인 한 분이 시끌벅적한 오리떼들에게 둘러싸여 앉아 있었다. 어니가 그의 곁에 다가갔다.

"안녕하세요, 윌리엄 할아버지!"

"잘 지냈니, 얘야?"

어니가 들고 있는 꾸러미를 보면서 윌리엄 할아버지가 인사를 받으셨다.

"신문에 실린 세상 소식이 요즈음은 어떤가?"

"굉장해요, 정말 굉장해요! 이번 주에 있었던 중요한 소식을 몇 장 가져왔어요. 읽어 보세요."

윌리엄 할아버지가 신문을 훑어보고 있는 동안 어니는 주위의 오리떼들에게 빵 부스러기를 던져 주었다.

"토요일에 있었던 어린이 야구대회에 대한 기사는 정말 잘 썼구나. 이것도 네가 쓴 것이지?"

"예."

어니가 있는 곳에까지 뛰어올라 그의 다리를 물고 늘어지려는 이상한 오리 한 마리를 부드럽게 밀어내며 어니가 대답했다.

"제 친구 마크가 인쇄하는 일을 도와주기는 하지만 '뉴스와 화제'는 대부분 제가 다 쓰는 편이예요. 전 글쓰는 일이 무척 즐겁거든요."

"그런 것 같구나. 너의 이 재능을 계속 살려나갈 작정이냐?"

"저는 큰 신문사나 TV방송국의 기자가 되고 싶어요. 매일 저녁 제가 직접 쓴 기사를 수백만 명의 사람들이 청취한다는 것은 정말 신나는 일이죠. 아무래도 방송국 기자가 더 좋을 것 같아요."

"넌 아직 시간이 많아요. 벌써 장래를 결정해 버리기에는 너무 이르다고 생각한다. 허 그놈! 수지가 네 바지 가랑이로 또 쫓아왔구나. 아마 너를 과자 공장 사장님쯤으로 착각하고 있는 모양이다."

"저리 가, 수지! 자, 자! 이 빵 조각 가지고 저리 가서 놀아!"
언니는 바닥에 떨어진 빵 조각 하나를 집어들고 수지라는 이름의 오리에게 던져 주었다.

"요즈음 운하에 오리들이 그리 많지 않은 것 같아요. 게다가 흰오리들뿐이구요. 물오리와 산오리들은 다 어디 갔을까요?"

"곡식이나 다른 먹을 것들을 찾아서 시골이나 숲으로 떠났을 게다. 이제 겨울이 곧 올텐데 이 녀석들이 걱정이구나. 이 운하에는 추운 겨울을 넘길 만큼 먹을 것이 충분하지 못하거든. 굶어 죽기가 십상이지."

"굶어 죽다니요! 이 녀석들은 왜 먹을 것을 찾아 떠나지 않죠?"

"그럴 수 없기 때문이란다. 이 녀석들은 너무 무거워서 날 수가 없어요. 집오리들의 날개는 공중에서 자기 몸을 지탱하기에는 너무 약하지."

"그렇다면 어떻게 처음 이곳으로 올 수 있었을까요?"

"이 오리들을 애완용으로 기르던 사람들이 데려다 놓았을 게다. 이곳이 오리들을 풀어 주기에는 아주 안성맞춤이거든. 처음엔 그랬었지. 하지만 이제 그 수가 5, 60마리 이상으로 늘어나서 여기에 있는 식물들 가지고는 전부 겨울을 날 수가 없어."

"저렇게 통통한 녀석들이 굶어야 한다니 정말 믿을 수가 없어요. 하지만 할아버지께서는 한때 환경청에서 근무하신 일이 있으니까 이럴 때 어떻게 해야 하는지 잘 아시잖아요?"

윌리엄 할아버지는 고개를 끄덕이셨다.

"우리가 정말 뭔가를 해야겠어요. 저 오리들이 아무런 도움도 없이 굶어 죽도록 내버려 둘 수는 없다구요. 저 녀석들도 모두 하나님이 만드신 피조물들이잖아요? 친구들에게 이야기해서 매일 교대로 빵 조각을 가져오게 하면 어떨까요?"

"추운 겨울에는 몸에 열기가 필요한데 빵 조각으로는 부족하단다. 씨앗이나 곡식이 있어야 해요." 윌리엄 할아버지는 빵 자루를 점퍼 주머니에 쑤셔 넣고는 집으로 돌아가기 위해 자리에서 일어났다.

"뭔가 좋은 생각이 떠오르면 알려 다오. 나는 정말 이 오리들이 사랑스럽단다. 너도 마찬가지일 거야."

"그럼요, 윌리엄 할아버지, 안녕히 가세요."

윌리엄 할아버지께 인사를 드리고 난 어니는 코트깃을 세우고 찬바람을 맞으며 집으로 향했다.

집 안에 들어서자 그가 제일 좋아하는 스튜 냄새가 온 거실에 가득 차 있었으며 부엌에선 어머니께서 저녁 식사를 준비하시는 소리가 들려왔다.

아버지는 거실 TV 앞에 앉아 계셨다. 어머니는 식사를 하며 TV 보는 것을 반대하셨지만, 아버지는 자신이 사무실에 있는 동안 시내에서 무슨 일이 일어났었는지를 뉴스를 통해 알고 싶어하셨기 때문에 어니의 가족들은 식사를 하면서 지방 뉴스는 꼭 시청했다.

어니는 식탁 앞에 앉았다. 대체로 어니는 자신의 미래를 상상하면서 뉴스 진행자의 모습을 유심히 관찰하곤 했다. 어니의 개인적인 생각이었지만 지방 뉴스 진행자인 글렌 존슨씨는 전국 방송의 어느 앵커맨과 비교해도 손색이 없을 것 같았다.

하지만 오늘 저녁은 뉴스가 제대로 귀에 들어오지 않았고 그의 마음은 운하에서 놀고 있던 오리들의 문제로 꽉 차 있었다.

잠시 후 식사가 끝나자 어니는 지하실에 있는 자신의 신문사로 내려갔다. 그는 아버지의 친구 분이 선물로 주셨던 오래된 타자기 앞에 걸터앉았다.

어니는 실내를 한번 둘러보았다. 종이더미, 간단한 서류철들, 그리고 아버지가 사 주셨던 회전식 인쇄기 등이 눈에 들어왔다. 비록 빈약한 기구들이기는 했지만 이것들은 모두 그를 도와 일주일에 한번씩 '뉴스와 화제'를 발간하게 하는 데 없어서는 안 될 긴요한 기구들이다. 그리고 요즈음엔 많은 이웃들이 자신들의 거리에서 일어나는 사건들에 대한 어니의 날카로운 논평을 즐기고 있었다. 47명의 고정 독자가 한 부에 15센트씩의 구독료를 내고 있으며 그 수는 점점 증가하고 있었다.

어니는 의자에 깊숙이 몸을 파묻었다. 다음에 발간할 신문의 머리 기사를 구상하는 일은 어니에게 있어서 매우 즐거운 작업이었다.

"그림스 부인이 쌍둥이를 출산하다. 아니, 아니야! 그건 모두 알고 있는 사건이야. 그럼, 댄 스니더가 보트 경기에서 우승하다. …아니, 가만 있자…" 잠시 생각에 잠겨 있던 어니는 숨을 한번 크게 들이쉬며 앉아 있던 의자로 바닥을 쾅 하고 내리쳤다.

"그래, 바로 그거야!"

주먹으로 이번에는 책상을 내리치며 소리쳤다.

"독자들에게 무료로 호외를 발행해서 배달하는 거야!"

"아버지!" 한번에 두 계단씩 뛰어오르며 어니가 소리쳤다. "뭘 좀 여쭈어 볼 것이 있어요. 제가 발행하는 신문의 지면을 통해 모금을 해도 괜찮을까요?" 그는 오리들의 형편을 아버지께 말씀드렸다.

"만약 제가 독자들로부터 모금을 하게 되면 저와 윌리엄 할아버지는 한겨울 동안 매일 오리들을 먹일 옥수수를 살 수 있을 거예요. 오리들한테 먹이 주는 일을 도와줄 사람도 나타날지 몰라요. 제 친구 마크도 틀림없이 동참할 거예요."

"좋은 생각 같구나, 어니. 단, 모금되는 돈이 은행에 안전하게 보관되고 오직 오리들을 살리는 데에만 쓰일 것임을 독자들에게 믿도록 해야 한다. 그렇게만 된다면 아주 좋은 계획이 되겠구나."

어니는 다시 지하실로 뛰어 내려가면서 내일 학교가 끝나면 곧장 마크에게 신문사로 오라는 연락을 취해야겠다고 마음먹었다.

그는 타자기에 타이프 용지를 한 장 집어 넣었다. 기사의 제목은 이미 그의 마음속에 정해져 있었다.

'우리들의 오리들을 기아에서 구출하자!' 라고 제목을 붙인 뒤에 그는 이렇게 써내려 갔다. '아주 저명한 환경 전문가에 따르면…'

"별로 성과가 없는데요."

며칠 후, 어니는 저녁 식탁에서 걱정스러운 목소리로 아버지에게 말했다.

"아버지가 저에게 기부하신 5달러를 합쳐도 겨우 18달러 밖에 모금이 안됐어요. 이 돈으로는 오리들을 채 일주일도 먹이지 못할 거예요. 일주일은 더 모금을 해야 할까 봐요."

"신문을 몇 장 더 가져와 보렴. 사무실에 가지고 나가봐야겠다. 함께 일하는 동료들 중에 관심이 있는 사람이 틀림없이 나타날 것 같구나."

"고맙습니다, 아버지. 전 이 마을에 사는 모든 사람들에게 이 사실을 알리고 싶어요. 이런 기사를 읽게 되면 많은 사람들이 오리들을 살리기 위해 성금을 내놓으려 할텐데. 많은 사람들이 매일 운하 옆을 지나다니면서도 오리들이 굶고 있다는 사실을 모르고 있으니!"

어니는 TV 앞에 달려가서 스위치를 올렸다. 6시 뉴스가 막 시작되고 있었다. 그는 배를 깔고 엎드려서 아나운서를 바라보았다.

그는 새삼 어떻게 하면 저 뉴스 진행자처럼 신실함과 신뢰감을 갖고 모든 사람들에게 믿음을 줄 수 있을까하고 생각했다. 뉴스를 보고 있던 어니가 갑자기 벌떡 일어났다.

아버지가 놀라서 어니를 쳐다보았다.

"무슨 일이냐, 어니?"

"불현듯 아주 기막힌 묘안이 머릿속에 떠올랐어요. 우표 어디 있죠? 가만있자, 봉투가 어디 있었는데 마지막으로 편지를 쓴 것이 언제더라…?"

한참 무엇인가를 찾던 어니는 또 갑자기 지하실로 뛰어 내려갔다. 아버지는 무슨 일인지 알 수 없다는 듯이 머리를 내저으시고는 다시 뉴스를 시청하기 시작했다.

다음 날은 토요일인데도 어니가 아침부터 외출도 하지 않고 집에만 붙어 있는 것을 보신 부모님은 걱정스러우신 모양이었다.

"테니스 치러 안 가니?" 어머니가 말씀하셨다.

"오후에 하이킹이 있다더니 포기한 거냐?"

이번에는 아버지가 이상하다는 듯 물어보셨다. 어니는 그저 어깨만 으쓱거려 보일 뿐 책만 들여다보고 있었다.

오전 11시 58분, 전화기의 벨소리가 요란하게 울렸다.

어니는 용수철처럼 벌떡 일어나 전화기로 달려갔다. 하지만 수화기는 아버지가 먼저 드셨다.

"어니, 전화다."

아버지는 이상하다는 표정으로 수화기를 건네주시면서 말씀하셨다. "자기 이름이 글렌 존슨이라고 하는데?"

어니는 조용히 해 달라는 뜻으로 손을 내저으며 전화를 받았다. "여보세요."

"어니? 나는 WWPR 방송국의 글렌 존슨이다. 너의 편지와 신문 기사를 받았다. 네 글을 검토한 방송국 측에서 오리들을 돕기로 했단다. 오늘 저녁 뉴스 시간에 이 기사가 방송으로 나가게 될 거다.

또 '오리들 먹이를 위한 모금'이라는 이름으로 모금 운동을 펼칠 계획도 세웠단다. 한겨울 동안 오리들을 먹이기에 충분한 돈이 모금되리라 기대한다. 이런 이야기가 밝혀지면 사람들은 의외로 이 문제를 그들의 공동체의 문제로 여기면서 기꺼이 도우려 하는 법이지.

이제 오리들은 굶지 않아도 될 거야. 만약 모금액이 충분하지 않으면 전파를 통해 계속해서 방송할 예정이다. 오늘 오후 너희 집 근처 가까운 운하에 카메라맨과 함께 나갈 예정인데 그때 나와 만날 수 있겠니? 너와 인터뷰도 하고 오리들의 사진도 좀 찍었으면 하는데, 괜찮겠지?"

"좋습니다!"

작고 쉰 목소리의 어니 입에서 크고 뻥 뚫린 목소리가 튀어나왔다.

"향토색 짙은 좋은 뉴스가 될 게다. 나중에 만나자. 그럼 잘 있거라."

전화를 끊고 난 어니는 의자에 깊숙이 몸을 파묻었다. 잠시 미소를 지으며 앉아 있던 그는 윌리엄 할아버지에게 이 기쁜 소식을 전해야겠다는 생각이 들었다. 하지만 그는 먼저 숨을 크게 들이쉬고는 아버지를 찾았다.

"아버지!"

만면의 미소를 띤 채 그가 외쳤다.

"무슨 일인지 알아 맞춰 보세요!"

> "주님께서 손수 지으신 만물을 다스리게 하시고 모든 것을 그의 발 아래에 두셨습니다."
>
> 시편 8편 6절

> 사랑하는 하나님!
> 주님이 세상에 주신 피조물들을 보호하게 하옵소서.
> 그들과 함께 즐거워하게 하시고,
> 그들을 돌볼 수 있는 능력을 주옵소서.

위대하다는 것의 참 모습

"제가 알고 싶은 것은 그들이 어떻게 해서 위대한 사람이 되었느냐 하는 겁니다."

주일학교 성경 공부 시간에 지난 주에 있었던 워싱턴 시 방문 여행에 대해 토론하던 중 겐이 불쑥 이런 의문을 제기했다.

주일학교에서 성경 공부를 가르치는 래리 선생님은 한 주간 동안 헤어졌던 아이들에게 "이번 여행을 통해 여러분의 기억 속에 오래 인상 깊었던 일이 있다면 이야기해 보세요!"라고 질문을 던지면서 성경 공부를 시작했다.

여러 가지 대답들이 나왔다. 놀이 기구가 재미있었다, 새로운 친구들과 사귈 수 있어서 좋았다, 시가지가 멋있었다, 이 지역 출신의 상원의원과 이야기를 나눈 일이 제일 인상 깊었다 등등. 겐이 대답할 차례가 되자, 그는 친구들이 느낀 것과 거의 비슷하지만 그중에도 무엇보다 그곳에 있는 기념비들과 국가를 빛낸 위대했던 사람들의 동상들, 예를 들면 워싱턴 기념비, 제퍼슨 동상, 무명용사의 무덤, 특히 링컨 대통령 동상이 자신에게 특별한 감명을 주었노라고 말했다.

"그분들 앞에 서 있는 동안 전 마치 그분들이 우리들에게 무엇인가 이야기를 하려고 한다는 느낌을 받았어요. 여러분들 중에 저와 같은 느낌을 받은 사람 없어요?"

몇몇 친구들이 고개를 끄덕이며 동의를 표시했다.

"특히 링컨 대통령은 어쩐지 좀 슬퍼 보이기도 했고 또 깊은 생각에 빠져 있는 것 같기도 했어요. 전 그분에게 '어떻게 하면 당신처럼 위대한 업적을 남길 수 있을까요'라고 묻고 싶었죠. 뭐 꼭 영웅이 된다기보다—이 부분을 이야기하는 겐의 얼굴이 그의 머리카락처럼 빨갛게 물들었다—국가와 민족을 위해 헌신할 수 있는 길이 어디 있을까 하고 말입니다."

겐이 이야기하는 동안 아이들은 놀라움으로 입을 다물고 말

앉다. 왜냐 하면 그는 좀처럼 말을 많이 하는 법이 없었기 때문이었다.

"정말 훌륭한 생각이다. 젠."

래리 선생님이 말씀하셨다. "우리 모두가 한번쯤 생각해 볼 가치가 있는 질문이구나. 이번 한 주 동안 모두들 각자 젠이 말한 위대했던 사람들처럼 남을 위해 봉사할 수 있는 방법을 하나씩 생각해 보도록 할 것!"

성경 공부 시간이 끝나자 아이들은 왁자지껄하게 떠들어 대며 계단을 우르르 내려갔다.

오늘은 교회 마당에서 체육대회를 갖는 특별 주일이었다. 예배가 끝나자 교인들은 함께 점심 식사를 하며 체육대회에 동참하기 위해 기다리고 있었다.

젠이 속한 반이 배구대를 설치하는 일을 맡게 되어서 젠과 친구들은 곧장 창고로 달려갔다. 네트와 기둥을 찾아낸 그들은 앞마당 풀밭 위에 배구대를 설치했다. 왁자지껄 떠들며 기다리던 사람들은 어른 아이 할 것 없이 배구공을 앞뒤로 쳐올리며 즐거워했다.

젠은 나무 그늘에서 친구분들과 함께 앉아 계시는 어머니와 아버지에게 손을 흔들어 보이고는 경기에 참가했다.

삼십 분쯤 경기가 계속되자 덥고 목이 마른 겐은 후보로 대기하고 있던 다른 친구에게 자리를 잠시 대체시키고는 음료수를 마시기 위해 교회 취사실로 달려갔다. 취사실에는 점심시간에 교인들에게 나누어 줄 음료수가 시원하게 보관되어 있었다. 겐은 종이컵에 차가운 음료수를 담아 천천히 마시기 시작했다. 시원함이 온몸을 감싸왔다. 이제 다시 경기에 참가할 수 있을 것 같았다.

밖으로 나오려는 순간 옆방에 누군가 있는 듯한 인기척 소리가 겐 귀에 들렸다. 누구냐고 소리쳐 보았다. 그러나 아무 대답도 없었다. 경기에 빨리 참가해야 한다는 생각에 복도로 내려가려던 그는 발걸음을 멈추고 말았다. 도둑이 들어왔을지도 모른다는 생각이 떠올랐기 때문이었다.

3주 전에도 교회에 도둑이 들었던 적이 있었다. 혹시 그럴지도 모르니 가서 살펴봐야겠다는 생각이 들었던 것이다.

천천히 뒤꿈치를 들고 부엌으로 되돌아간 그는 옆방 문까지 엉금엉금 기어서 접근했다. 옆방으로 통하는 문 손잡이에 이르자 그는 재빨리 전등을 켰다.

불이 켜지면서 한쪽 구석에서 두 뺨 가득 눈물을 흘리며 의자에 앉아 있는 어린 여자 아이를 발견했다.

순간 겐은 안도의 한숨을 내쉬었다. 교인들의 얼굴을 거의 대부분 알고 있는 겐이지만 이 꼬마는 전혀 처음 보는 얼굴이었다. 체육대회에 참가하러 왔으리라고 겐은 짐작했다.

"안녕?"

소녀 곁에 걸터앉으며 겐이 인사를 했다. "무슨 일이 있니?"

"길을 잃어버렸어."

소녀는 대답을 하며 더 큰 소리로 울기 시작했다.

"날 놔두고 모두 가 버렸단 말이야!"

겐은 가까이 다가가서 소녀의 어깨를 감싸 주었다.

"자, 진정해. 내가 여기 있잖아? 어떻게 길을 잃어버렸니?"

"엄마가 없어졌어. 그래서 지금 찾고 있는 중이야."

흐느낌과 딸꾹질이 뒤섞인 소녀의 볼에서 눈물이 뚝뚝 떨어졌다.

"이제 그만 울어." 겐이 말했다. "내가 엄마를 찾도록 도와줄게. 그런데 네 이름이 뭐니?"

"헐리!"

"헐리? 성은?"

"귀여운 헐리라고 불러."

젠은 소녀의 약간 우습기까지 한 대답에 만족해야만 했다.

"자. 이리 와. 밖에 나가서 엄마를 찾자. 틀림없이 엄마도 널 찾고 계실 거야. 가자!"

젠은 소녀의 손을 잡고 의자에서 내려오도록 도와주었다. 그가 가려고 하자 소녀는 두 팔을 벌린 채 제자리에 가만히 서 있는 것이었다. '정말 귀여운 꼬마로구나!' 소녀를 안아 올리며 젠은 생각했다.

"엄마는 가 버렸을 거야." 헐리가 흐느끼며 말했다.

"아직 아무도 돌아가지 않았단다." 젠이 속삭였다.

"너의 엄마는 지금 밖에서 널 찾고 계실 거야."

복도를 지나 내려오는 동안 귀여운 헐리는 촉촉한 뺨을 젠의 목에 기댄 채 꼭 안겨 있었다. 소녀가 너무나 작고 가벼워서 젠은 다시 한번 놀랬다. 길을 잃고 놀란 것이 무리가 아니라는 생각이 들었다. 교회의 방과 기도실들이 헐리에겐 무척이나 넓고 크게 느껴졌으리라!

부드럽고 조심스럽게 소녀를 안고서 젠은 사람들이 가득 모여 있는 교회의 뜰로 내려갔다. 이곳저곳으로 찾아다녔지만 헐리를 알아보는 사람은 좀처럼 나타나지 않았다.

귀여운 헐리는 점점 더 젠의 팔에 꼭 매달렸다. 젠의 셔츠가 헐리의 눈물로 축축해졌다. 교회의 뜰을 거의 한 바퀴 돌았을 때 어린이 놀이터 있는 곳에서 아주머니 한 분이 젠에게로 달려왔다.

"헐리! 어휴 이 녀석!"

헐리를 바라보며 그 아주머니는 안도의 한숨을 내쉬었다.

"널 찾으려고 안 가본 데가 없어. 도대체 어디에 가 있었니?"

젠의 곁에 이른 아주머니는 팔을 내밀었고 헐리는 젠의 품에서 빠져나와 엄마의 품에 안겼다.

"길을 잃어버렸는데, 이 오빠가 날 발견했어."

젠을 가리키며 헐리가 말했다.

"어디서 이 애를 발견했지?"

그 아주머니가 젠에게 물었다.

젠은 그 때까지 있었던 일을 모두 이야기하고는 다시 경기에 참가하러 배구장으로 돌아가려 했다. 경기가 벌써 끝나버렸으면 어떡하나 하고 내심 불안했지만 귀여운 헐리가 다시 엄마 품에 안겼다는 사실이 그의 마음을 흐뭇하게 했다. 엄마 품에 안겨 있는 헐리는 이제 깜찍하게 웃고 있었다.

"잠깐만 기다려 주겠니?"

헐리의 어머니가 겐을 불러 세웠다. "너에게 감사하다는 말조차 제대로 못했구나. 그리고 네 이름을 알고 싶다."

"예, 제 이름은 겐 알브라이트입니다. 저도 헐리가 엄마를 찾게 되어서 정말 기뻐요."

"정말 고맙다. 우리는 이 교회를 나온 지가 이제 두 주일밖에 안 된단다. 다음에 꼭 너를 다시 만났으면 좋겠구나. 헐리도 그러기를 바랄 거야."

"안녕, 헐리."

헐리는 대답 대신에 엄마의 품에서 몸을 빼서는 겐의 목을 꼭 껴안아 주었다.

그날 저녁, 겐과 그의 부모님께 낮에 있었던 일들에 대해 이야기하고 있는데 전화벨이 울렸다.

"네 전화다, 겐." 아버지께서 수화기를 건네주셨다.

"겐, 나 헐리 엄마야. 헐리를 잘 보살펴줘서 고맙다고 다시 한번 인사하고 싶어 이렇게 전화했어. 헐리 녀석, 온통 네 얘기

뿐이란다. 그 애에겐 네가 영웅이지, 뭐니. 역시 나에게도 마찬가지고 말이야. 하마터면 헐리는 이 일이 상처가 되어 다시는 교회에 가지 않으려 했을지도 몰라. 다행히도 너의 도움으로 그 애는 교회에 자기를 보호해 주고 위험에서 구해 줄 사람들이 있다는 걸 알게 되었지. 네가 우리 교회를 대표해서 예수님의 사랑을 실천한 거야. 우리는 정말 네가 얼마나 고마운지 모른단다. 그럼 겐. 잘 있거라."

"안녕히 계세요, 헐리 어머니."

수화기를 내려놓고는 잠시 겐은 우두커니 앉아서 전화기를 물끄러미 바라보고 있었다. 자신이 영웅이라는 말을 들은 것이다. 그분의 동상이 워싱턴 시에는 비록 없지만 아주 위대한 그분의 말씀을 따랐기에 이제 겐도 영웅이 된 것이다. 오직 이웃을 사랑하라 하셨기에 다른 어떤 영웅들보다 더욱 위대한 그분.

오늘 그는 영웅이 되기 위해서가 아니라 헐리의 얼굴에 눈물보다는 웃음이 흐르게 하기 위해, 또 그것이 진정 아름다워 보이기에 주님의 음성을 듣고 실천했던 것이다.

"예수는 지혜와 키가 자라고 하나님과 사람에게 더욱 사랑을 받았다."

누가복음 2장 52절

하나님!
저도 예수님처럼 자라게 해 주세요.
매일매일의 생활 속에서
어려움에 처한 사람들을 도와주게 하시고
자신들에게 관심을 가져주는 것만으로도
행복해 하는 사람들을 만나게 해 주세요.

틴에이저 카운슬링(2)
예수님, 내 마음을 아세요?

ⓒ 순출판사 2005

2005년 12월 13일 초판 인쇄
2005년 12월 22일 초판 발행
글쓴이 : 로버트 켈리
옮긴이 : 김 태 성
펴낸이 : 전 효 심
펴낸곳 : 순(筍)출판사

주소: 서울시 서대문구 홍제 4동 215번지
전화: 02)722-6931~2, 팩스: 02)722-6933

천리안: cccnews
한국 C.C.C. 인터넷: http://www.kccc.org
등록: Ⓡ 제 1-2464호
등록년월일: 1999.3.15

※잘못 만들어진 책은 바꿔 드립니다.　　값 6,500원
본서의 판권은 순출판사에 있습니다. 무단 전재 및 복제를 금지합니다.

ISBN 89-389-0173-4